__________________ 드림

아 로 미 키 친 의

한 끼 밥 상

아 로 미 키 친 의

한 끼 밥 상

초판 1쇄 인쇄 2019년 6월 26일
초판 1쇄 발행 2019년 7월 3일

지은이 서세연

발행인 장상진
발행처 (주)경향비피
등록번호 제2012-000228호
등록일자 2012년 7월 2일

주소 서울시 영등포구 양평동 2가 37-1번지 동아프라임밸리 507-508호
전화 1644-5613 | **팩스** 02) 304-5613

ISBN 978-89-6952-344-0 13590

· 값은 표지에 있습니다.
· 파본은 구입하신 서점에서 바꿔드립니다.

아 로 미 키 친 의

한 끼 밥 상

서세연 지음

경향BP

일러두기

· 김치는 늘 상에 올라가기 때문에 사진에 넣지 않았어요.

· 제철에 맞는 김치 한두 가지를 곁들여 먹어요.

· 저는 솥밥을 지을 때 찰보리를 섞었지만 쌀로만 지으면 더 맛있어요.

프롤로그

행복한 맛, 정성 담아 소담하게 차린 한상

어릴 때부터 밥이 좋았어요. 밥 짓는 냄새에 잠이 깨곤 했죠. 할머니 손에 컸던 어린 시절. 손맛 좋은 우리 할머니는 특별하진 않지만 늘 갓 지은 밥과 따뜻한 국에 맛난 반찬으로 정갈하게 차려 주셨어요.
스무 살부터 자취생활을 했으니 손수 밥해 먹고 산 지 25년. 비교적 빨리 제 손으로 밥을 해 먹어서인지 마음 한편엔 할머니가 해 주신 집밥이 그리워 저에겐 늘 따뜻한 집밥에 대한 로망이 있어요.
먹는 게 좋아 여행 다니며 먹어 본 음식이나 맛집 메뉴는 무엇이든 흉내 내어 만들어 보는 습관이 있어요. 제 입맛에 맞게 응용해 만들어 보는 게 참 재밌어요. 손수 만들어 먹는 게 좋아서 바쁘고 귀찮아도 적어도 하루 한 끼는 제대로 된 집밥을 해 먹으려 했어요.
직장 때문에 낯선 곳으로 이사를 오며 무료함을 달래기 위해 시작한 인스타그램. 솜씨 좋은 분들의 밥상을 보며 감탄하고 또 배우며 요리라는 공감대로 소통하는 게 너무 즐거웠어요. 부끄럽지만 올려 본 저의 밥상을 좋아해 주시고 응원해 주시는 인친님들을 만나면서 그저 먹고 사는 일상이었던 제 요리에 열정이 더해졌어요.

그러나 득이 있으면 실이 있는 법인가 봐요. 하나라도 더 만들어 먹다 보니 1년 만에 살이 10kg이나 쪘어요. 그리고 그때부터 인스타그램은 저에게 다이어트 일지가 되었어요. 먹는 걸 워낙 좋아해 굶거나 오래 실천하지 못하는 식단은 피해 채소와 잡곡 위주 식단에 단백질 섭취, 덜 맵고 덜 짜게 먹으려고 노력하면서 다시 예전 몸 상태로 회복하기 시작했어요.

많은 가짓수는 아니어도 정성껏 차린 한상은 나에게 주는 보상 같고 어쩐지 대접받는 기분이 들어 참 좋아요.
밥과 국 또는 메인 요리와 반찬 두어 가지. 1국 2~3찬을 기본으로 하는 평소에 제가 좋아하는 일본 가정식 느낌에 한식을 접목해 봤어요. 간소한 상차림 외에도 간단하지만 건강하게 한 끼 먹을 수 있는 레시피도 담았어요. 어떤 날은 편하게 먹을 수 있는 덮밥으로, 또 어떤 날은 반찬이 필요 없는 솥밥으로, 또 어떤 날은 칼로리 부담 없는 별미 한 그릇을 만들어 봅니다. 책에 실린 레시피는 모두 쉽게 구할 수 있는 재료로 쉽게 만들 수 있는 요리들입니다.
저는 정성껏 만들어 예쁘게 담아 차리는 밥상으로 하루를 시작합니다. 오늘도 힘내자며 호흡을 가다듬죠. 따뜻한 집밥 한 그릇은 저에게는 단순히 먹는 것 그 이상의 의미예요. 더할 나위 없는 위로와 힐링이에요.

요리에 정석은 없는 것 같아요. 제철에 나는 싱싱한 재료로 내 입맛에 맞게 응용하며 만들어 보는 게 최선 아닐까요? 책에 실린 레시피를 활용해 더 멋진 여러분만의 레시피가 탄생하길 기대해 봅니다.
손녀가 책을 낸다고 어린애처럼 좋아하신 올해 아흔하나 되신 사랑하는 할머니와 늘 응원해 주시는 우리 인친님들께 제 요리가 집밥 같은 따뜻함을 드릴 수 있기를 바라며 사랑과 감사를 전합니다.

서세연

차례

상차림 준비

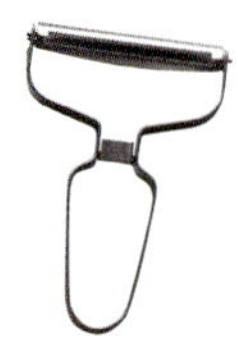

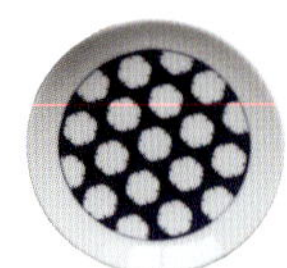

1장 / 반찬이 필요 없는 솥밥

2장 닭고기 밥상

3장 돼지고기 밥상

4장 소고기 밥상

5장 / 두부·콩 밥상

6장 / 해산물 밥상

7장 / 생선 밥상

부록 / 별미 한 그릇

상차림 준비

멸치육수

멸치육수 내는 날은 집에서 하루 종일 구수하고 맛있는 냄새가 나요. 잔치국수도 말아 먹고 싶고, 뜨끈한 어묵탕도 생각나는 냄새예요. 통영시장에서 사온 멸치랑 디포리 그리고 이번에 사 온 흑새우로 국물을 내니 더 깊은 맛이 나는 것 같아요.

된장찌개나 된장국 말고도 저는 미역국, 뭇국, 김치찌개에도 멸치육수를 써요. 국물이 감칠맛 나며 훨씬 맛있지요. 그때그때 만들기도 하고 시간이 날 때 많이 만들어 스탠딩 지퍼백에 소분해 냉동보관해 두었다가 꺼내 쓰기도 해요. 일회용 다시팩도 좋아하는 아이템이랍니다. 파뿌리는 깨끗이 씻어 말려 냉동실에 얼려 뒀다 육수낼 때 꺼내 쓰세요.

멸치육수

재료

멸치(대멸) 50g, 디포리 30g,
말린 새우 20g, 다시마 10g,
파뿌리 25g, 무 180g, 물 1.5L

1 멸치는 머리와 내장을 제거하고 분량의 재료들과 함께 준비해 둡니다.
2 마른 팬에 멸치, 디포리, 새우를 볶아 수분을 날려 줍니다.
3 냄비에 물 1.5L를 붓고 분량의 재료를 넣은 후 뚜껑을 연 채 센불로 끓이다 끓어오르면 다시마를 건지고 약불로 줄여 15분간 끓여 줍니다.
4 3이 식으면 채에 걸러 줍니다.
5 4를 스탠딩 지퍼백에 소분해 얼려 둡니다.

* 건어물을 마른 팬에 볶아 수분을 날려 비린내를 잡아 주세요.
* 뚜껑을 열고 끓여 비린내를 날려 주세요.

1

2

3-1

3-2

4

5-1

5-2

다시마육수

다시마육수는 멸치육수의 구수함과는 또 다르게 깔끔한 풍미가 납니다. 저는 여기에 말린 표고버섯을 불려 같이 넣어요. 표고버섯 향이 더해져 깔끔하면서도 향이 좋고 풍미가 깊은 육수에요.
달걀찜을 할 때 넣으면 일식집에서 먹던 일본식달걀찜 맛이 나요. 버섯전골처럼 맑은탕을 끓일 때나 양념간장에 넣어 주면 간장에서 감칠맛이 나고 맛있어요. 양념간장용은 얼음틀에 큐브로 얼렸다 하나씩 꺼내 쓰면 좋아요.

다시마육수

재료

마른 표고버섯(불린 것) 50g,
다시마 10g, 물 1L

1 불려 둔 마른 표고버섯과 다시마를 준비해 둡니다.

2 1을 병에 담고 끓인 물 1L를 부어 줍니다.

3 2가 식으면 표고버섯과 다시마를 건져 내고 스탠딩 지퍼백에 소분해 얼려 둡니다.

계량 도구

1컵 – 240ml
1T – 15ml
1t – 5ml

저는 원래 계량을 하지 않아요. 그냥 눈대중으로, 감으로 하던 요리였는데 책을 준비하며 그 눈대중과 감으로 넣던 걸 계량해 봤어요. 가능한 한 정확하게 계량하려고 했지만 집집마다 장이나 양념류의 염도가 조금씩 다르니 입맛에 맞게 가감하세요.

그릇 이야기

저는 그릇이 참 좋아요.
그릇은 음식을 담는 도구 그 이상의 의미죠. 어느 그릇에 담느냐에 따라 같은 음식이라도 달라 보입니다.
빈 그릇을 보며 거기에 담길 음식을 상상해 보고 밥상을 머릿속으로 플레이팅해 보곤 해요. 외국여행을 가도 옷이나 가방보다 그릇에 더 눈길이 가요. 그릇가게나 벼룩시장은 꼭 들른답니다.
아무 데나 담아 먹어도 그만이지만, 예쁘고 소담스레 담아 먹는 게 대접받는 기분이라 그런지 더 맛있게 느껴져요. 메뉴에 맞는 그릇을 고르는 게 즐겁고, 어울리는 그릇에 예쁘게 담긴 음식을 보면 그렇게 좋을 수가 없어요. 그래서 오늘도 하나하나 담고 또 담아 내는 수고를 마다하지 않아요.
저는 아기자기한 일본그릇을 즐겨 씁니다. 크기가 작고 가벼워서 찬을 소분해 담기 좋아요. 언젠가 일본에 갔을 때 거의 빈 가방을 가져가 그릇만 사 온 적도 있어요. 가끔은 컬러감이 있는 그릇을 포인트로 하나씩 끼어 플레이팅하면 밥상의 분위기가 발랄해지기도 해요.
그릇을 좋아하는 저에게도 하나의 원칙이랄까? 제 나름의 취향이 있어요. 그건 음식보다 돋보이는 그릇은 사지 않는다는 것입니다. 그래서 지나치게 화려한 그릇은 사용하지 않는 편이에요. 그런 면에서 담긴 음식을 가장 맛있게 보이는 재주를 가진 백자도 즐겨 써요. 물리지 않아 오래 쓰기 좋고 어떤 종류의 식기와도 조화가 잘 맞죠.
한식이 돋보이는 도자기 그릇의 매력 또한 무한대예요. 은은하면서 고급스러워 담긴 음식의 격을 높여 주며 한껏 돋보이게 해 주죠.
그리고 조금씩 사 모은 유기그릇도 좋아합니다. 유기로 차린 밥상은 그야말로 '극진히 대접받는 느낌'이 들게 해 줍니다. 그게 비싸지만 갖고 싶게 하는 유기그릇의 멋인 것 같아요.
그릇은 무엇을 담는지, 어떻게 담는지에 따라 귀해 보이기도 하고 값싸 보이기도 하고, 또 푸짐해 보이기도 하고 박해 보이기도 합니다. 예쁘고 단정한 그릇에 소박하지만 깔끔하게 찬을 담고, 뜨끈하게 끓인 국과 갓 지은 밥을 담아 한상 차려 내는 게 음식을 하는 사람의 행복이 아닐까요?
그런 의미에서 그릇은 단순히 먹을 걸 담는다기보다 음식을 만드는 사람의 정성과 사랑을 담아내는 게 아닐까 생각해 봅니다.

상차림 준비 4

무쇠냄비

국냄비, 찌개냄비, 라면냄비.
그렇게 양수, 편수 세 개면 그만이던 시절도 있었어요. 그러다 처음 무쇠냄비를 접했을 때 그 무게에 놀랐지만 금세 그 매력에 빠졌답니다.
저는 무쇠냄비를 고를 때 금방 물리지 않게 화이트나 블랙, 그레이 같은 모노톤을 즐겨 써요. 음식을 담아 놓아도 너무 화려한 색보다는 은은한 컬러가 음식을 돋보이게 해 주는 것 같아요. 시즈닝을 따로 하지 않아도 되는 제품을 고르는 게 좋아요.
무쇠냄비는 적은 수분으로도 요리가 가능해 음식 맛이 깊고 풍부해집니다. 또 금방 식지 않아 따뜻한 요리를 오래 먹을 수 있습니다. 뭉근히 끓여야 맛있는 찜이나 카레, 국에는 정말 최고죠. 손목이 시큰거릴 정도로 무거워도 닦고 또 닦으며 아껴 쓰는 이유는 그 매력 때문이죠.

뚝배기

뚝배기, 왠지 이름만 들어도 푸근함과 정겨움이 뚝뚝 묻어납니다. 뚝배기에 보글보글 끓는 찌개를 보면 말할 수 없이 따뜻해져요. 같은 찌개도 더 맛있게 느껴지는 뚝배기의 힘. 그래서 저는 뚝배기가 참 좋아요.
뚝배기로 솥밥을 짓기도 하고, 된장을 끓이기도 하고, 청국장도 끓이고, 숭늉도 끓여요.
뚝배기는 세제를 쓰지 않고 물로만 씻어 줍니다. 밥을 지은 후에는 물로만 씻어 말려 주고, 찌개를 끓인 후엔 물로 씻은 후 물을 부어 바글바글 끓여 주세요. 그다음에 물을 버리고 바싹 말려 보관합니다.

상차림 준비 6

키친툴

키친툴은 스테인리스 제품을 애용해요. 기름때가 잘 제거되어 청결히 쓸 수 있는 데다 예쁘니까요.

1. 채소필러와 양배추필러
2. 삶은달걀슬라이서
3. 달걀노른자분리기
4. 묵칼
5. 계량컵
6. 거품기
7. 국자
8. 채망
9. 으깨기
10. 뒤집개
11. 집게

상차림 준비 7

찰보리

일본의 한 걸그룹 가수가 찰보리만 먹고 살을 뺐다는 뉴스를 보고 먹기 시작했는데, 1년이 지난 지금은 그 식감에 매료되어 버렸어요. 쌀과 1대1로 섞기도 하고, 콩이나 혼합곡을 넣을 때도 있고 가끔은 찰보리로만 밥을 짓기도 합니다.

찰보리는 혈중 콜레스테롤을 낮춰 주어 심장질환에 좋고, 베타글로칸 성분이 쌀의 50배, 일반보리보다도 높게 들어 있어 지방축적을 막아 줍니다. 식이섬유도 쌀의 25배, 현미의 40배가 들어 있고, 비타민과 무기질도 다량 함유되어 있어 다이어트에 도움을 줄 뿐 아니라 당뇨, 변비, 빈혈 예방에도 좋습니다.

상차림 준비 8

자주 쓰는 시판제품

1. 멸치액젓

소금간을 했을 때보다 국이나 찌개의 풍미가 좋아져서 자주 써요. 까나리액젓도 좋지만 멸치액젓이 더 깊은 맛이 나고 단맛이 적어 겉절이를 만들 때나 국간장 대용으로 즐겨 씁니다.

2. 쯔유

간장에 가다랑어로 맛을 낸 일본식 간장이에요. 감칠맛과 특유의 단맛으로 일본식 요리나 조림, 전골을 만들 때 유용합니다. 국내 제품으로는 국시장국 가쓰오 맛이 쯔유와 비슷해요. 요즘은 마트에 일본 쯔유 제품이 다 들어와 있어 손쉽게 구입할 수 있어요. 시중에 파는 쯔유는 농축 정도가 다 다른데 제가 쓰는 쯔유는 4배 농축이에요. 쯔유를 활용한 요리는 사용하는 쯔유의 농축 정도에 맞게 간을 보며 가감해 주세요.

3. 굴소스

볶음류 요리에 사용하면 소량만으로도 중국음식 풍미를 낼 수 있습니다. 덮밥요리나 볶음요리에 조금씩 넣어 주면 맛이 풍부해져요.

4. 맛술

생선요리나 고기요리를 할 때 잡냄새를 잡아 주고 단맛을 가미해 줍니다.

5. 생강가루

생선요리나 고기요리의 잡내를 없앨 때 생강이 좋은데 생강이 없을 때 유용해요.

6. 페페론치노

볶음이나 조림을 할 때 빨간색을 내지 않고 깔끔하게 요리하면서 매콤한 맛을 내고 싶을 때 유용해요.

7. 시치미

고추, 참깨, 김, 만다린 등 7가지가 들어갔다고 해서 시치미라고 불리는 일본의 고춧가루예요. 우리나라의 고춧가루와 달리 향신료 맛이 강해 일본요리에 잘 어울립니다. 장국이나 덮밥에 뿌려 먹으면 풍미를 더해 주어요.

8. 미소

일본의 된장이에요. 저는 미소장국을 좋아해서 덮밥이나 볶음밥에 자주 곁들여 먹습니다. 늘 떨어지지 않게 사 놓는 아이템이에요.

1

반찬이 필요 없는 솥밥

버섯무굴밥

버섯무굴밥

재료(약 2인분)

쌀 1컵, 물 200ml, 표고버섯 3개,
무 70g, 굴 150g, 쪽파 2줄

양념장

간장 2T
다시마육수(또는 물) 1T
참기름 1T
설탕 1t
고춧가루 1t
다진마늘 1t
통깨 조금
다진 대파 조금
홍고추 조금

1 무는 굵게 채 썰고, 표고버섯은 먹기 좋은 크기로 썰고, 쪽파는 총총 다져 둡니다.
2 굴은 깨끗이 씻어 둡니다.
3 쌀은 씻어서 1시간가량 불려 둡니다.
4 3에 물을 붓고 굵게 채 썬 무와 버섯을 올려 줍니다.
5 센불로 끓이다 끓어오르면 약불로 줄이고 10분간 더 끓여 줍니다.
6 씻어 놓은 굴을 넣고 2분간 더 끓이다 불을 끄고 10분간 뜸을 들입니다.
7 다진 쪽파를 뿌려 냅니다.

* 냄비밥은 동량의 물을 넣으나 무에서 물이 나오기 때문에 동량보다 조금 적게 넣어요.
* 굴은 마지막에 넣어야 탱글탱글한 식감을 즐길 수 있습니다. 취향에 따라 처음부터 넣어도 됩니다.

1

2

3

4-1

4-2

6

7

닭고기버섯연근밥

닭고기버섯연근밥

재료(약 1인분)

쌀 1/2컵, 다시마육수 100ml,
닭다리살 100g,
연근 60g, 표고버섯 2개, 당근 조금,
쯔유 1T, 쪽파 조금

닭고기양념

맛술 1T
쯔유 2T

1 쌀은 씻어 1시간가량 불려 둡니다.
2 닭다리살은 껍질을 벗겨 잘게 썰어 분량의 양념을 넣고 미리 반나절 이상 재어 둡니다.
3 연근, 표고버섯, 당근을 먹기 좋은 크기로 썰어 둡니다.
4 불린 쌀에 2와 3을 넣고 다시마육수와 쯔유 1T를 넣고 센불로 끓이다 끓어오르면 약불로 줄이고 10분간 끓인 후 불을 끄고 5분간 뜸을 들입니다.
5 그릇에 담고 총총 썬 쪽파를 뿌려 냅니다.

1

2

3

4

5

멸치밥

멸치밥

재료(약 2인분)

쌀 1컵, 다시마육수 1컵,
지리멸치 30g, 쯔유 2T, 쪽파 조금

1 쌀은 씻어 1시간가량 불려 줍니다.
2 1에 다시마육수를 붓고 멸치와 쯔유 2T를 넣어준 후 골고루 저어 줍니다.
3 센불로 끓이다 끓어오르면 10분쯤 끓인 후 불을 끄고 5분간 뜸을 들입니다.
4 그릇에 담아 쪽파를 올려 줍니다.

* 가장 작은 아기멸치라 비리지 않지만 냉동실에 오래둔 경우에는
  마른 팬에 살짝 볶아 준 후 넣어 주세요.

1

2-1

2-2

2-3

4

냉이된장밥

냉이된장밥

재료(약 2인분)

쌀 1컵, 냉이 70g, 다시마육수 1컵,
쪽파 조금, 통깨 조금

양념간장

간장 1T
다시마육수(또는 물) 1T
참기름 1t
설탕 1/2t
잘게 썬 쪽파와 양파 조금

1 쌀을 씻어 1시간가량 불려 둡니다.

2 냉이는 손질해 깨끗이 씻어 소금물에 살짝 데쳐 찬물에 헹군 후 꼭 짜서 쫑쫑 썰어 분량의 양념을 넣고 무쳐 둡니다.

3 1에 2를 넣고 다시마육수를 넣은 후 센불로 끓이다 끓어오르면 약불로 줄이고 10분간 끓인 후 불을 끄고 5분간 뜸을 들입니다.

1

2-1

2-2

2-3

2-4

3

돼지고기김치밥

돼지고기김치밥

재료(약 2인분)

쌀 1컵, 멸치육수 1컵, 돼지고기 100g,
김치 180g, 맛술 1T, 국간장 1T,
들기름 1T, 소금 조금, 후추 조금

양념간장

간장 1T
다시마 육수(또는 물) 1T
들기름 1t
고춧가루 1t
다진 마늘 1t
설탕 1/2t
통깨 조금
다진 대파 조금
홍고추 조금

1 쌀은 씻어서 1시간가량 불려 둡니다.

2 돼지고기는 다져 소금과 후추로 밑간해 1시간쯤 재어 둡니다.

3 김치는 총총 다져 둡니다.

4 팬에 들기름을 두르고 돼지고기와 맛술 1T를 넣고 볶아 주다 고기가 반쯤 익으면 김치와 국간장 1T를 넣고 같이 볶아 줍니다.

5 냄비에 1과 4를 넣고 육수를 넣어 센불에 끓이다 끓어오르면 약불로 줄여 10분간 끓인 후 불을 끄고 5분간 뜸을 들입니다.

1

2

3

4

5

소고기콩나물밥

소고기콩나물밥

재료(약 2인분)

쌀 1컵, 물 200L, 콩나물 180g,
소고기 100g

고기양념

간장 1T
맛술 1T
다진 마늘 1t
설탕 1t
참기름 1t
후추 조금

쪽파양념간장

쪽파 3줄
간장 2T
다시마육수(또는 물) 1T
참기름 1T
고춧가루 1t
매실액 1t
다진 마늘 1t
통깨 조금

1 쌀을 씻어 1시간가량 불려 둡니다.
2 쌀을 불리는 동안 소고기는 잘게 다져 분량의 양념을 넣어 재어 둡니다.
3 콩나물은 뿌리를 다듬어 깨끗이 씻어 둡니다.
4 재어 둔 소고기를 센불에 빠르게 볶아 줍니다.
5 냄비에 1과 물을 넣고 볶은 소고기와 콩나물을 올려 줍니다.
6 센불로 끓이다 끓어오르면 약불로 줄여 10분쯤 후 불을 끄고 5분간 뜸을 들입니다.
* 콩나물에서 수분이 나오기 때문에 동량보다 물을 적게 넣어요.
* 고기는 다짐육을 사는 것보다 직접 다지면 씹는 맛이 더 좋아요.

2

3

4

5-1

5-2

미나리가리비밥

미나리가리비밥

재료(약 2인분)

쌀 1컵, 가리비 250g, 미나리 70g, 가리비육수 1컵, 소금 1t, 참기름 1t

양념간장

간장 1T
가리비육수 2T
다진 마늘 1t
참기름 1t
설탕1/2t
통깨(간 것) 1T

1 가리비는 끓는 물에 넣어 입이 벌어지면 건져 살만 발라 놓고 육수는 따로 준비해 둡니다.

2 미나리는 깨끗이 씻어 반으로 잘라 소금물에 줄기부터 넣어 주고 30초 후 이파리 부분도 넣고 살짝 데쳐서 찬물에 헹궈 꼭 짜 둡니다.

3 2를 총총 썰어 볼에 넣고 소금 1t, 참기름 1t를 넣고 조물조물 무쳐 둡니다.

4 씻어 둔 쌀에 가리비 삶은 육수를 넣고 센불에 끓이다 끓어오르면 약불로 줄여 10분쯤 끓입니다.

5 불을 끄고 무쳐 놓은 미나리와 가리비를 올리고 뚜껑을 덮은 후 5분간 뜸을 들입니다.

6 골고루 섞어 담아냅니다.

* 미나리가 들어간 밥이므로 대파 등을 넣지 않고 심플하게 참기름과 간 통깨만 들어간 간장을 곁들이는 게 고소하고 맛있어요.

1-1

1-2

2-1

2-2

2-3

3-1

3-2

4

5

꼬막밥

꼬막밥

재료(약 2인분)

쌀 1컵, 꼬막 600g, 멸치육수 200ml, 쪽파 3줄

달래간장

달래 30g
간장 1T
매실액 2t
액젓 1t
고춧가루 1t
참기름 1t
다진 마늘 1t
통깨 조금

1 꼬막은 깨끗이 씻어 소금물에 반나절 이상 해감해 둡니다.
2 끓는 물에 1을 넣고 한 방향으로 저어주다 꼬막이 입을 벌리면 건져 냅니다.
3 꼬막살을 발라 둡니다. 이때 꼬막을 까면서 나오는 육즙도 모아 둡니다.
4 불려 둔 쌀에 멸치육수를 동량보다 적게 부어 줍니다.
5 4를 센불에서 끓이다 끓어오르면 불을 줄이고 약불로 8분쯤 끓여 줍니다.
6 5에 꼬막과 꼬막육즙을 넣고 2분간 더 끓이다 불을 끄고 5분간 뜸을 들입니다.
7 송송 썬 쪽파를 뿌려 냅니다.

* 꼬막 육즙이 들어가므로 물은 동량보다 적게 부어 주세요.

1

2

3

4-1

4-2

6

7

소고기가지밥

소고기가지밥

재료(약 2인분)

쌀 1컵, 물200ml,
소고기불고기용 150g, 가지 1개,
간장 1T, 대파 1/2개

고기양념

간장 1T
쯔유 1T
맛술 1T
다진 마늘 1/2T
참기름 1t

1 쌀은 씻어서 1시간가량 불려 둡니다.
2 소고기는 잘게 썰어 분량의 양념을 넣고 1시간가량 재어 둡니다.
3 가지는 반으로 갈라 반달썰기로 썰어 둡니다.
4 기름을 두르고 송송 썬 대파를 넣고 파기름을 내어 줍니다.
5 4에 소고기를 넣고 볶다가 고기가 익으면 가지를 넣고 간장 1T를 넣어 살짝 볶아 줍니다.
6 씻어 둔 쌀에 5를 넣고 물을 부어 센불에 끓이다 끓어오르면 약불로 줄여 10분 후 불을 끄고 5분간 뜸을 들입니다.

* 가지에서 수분이 나오므로 물은 동량보다 적게 넣으세요.

* 달래간장(45쪽 참고)을 곁들여 드시면 맛있어요.

2

닭고기 밥상

닭가슴살브로콜리볶음+냉이된장국+멸치액젓무침

닭가슴살브로콜리볶음

재료(약 1인분)

닭가슴살 150g, 데친 브로콜리 60g, 양파 1/2개, 당근 1/5개, 다진 마늘 1T, 굴소스 1T, 설탕 1/2t, 통깨 조금, 소금 조금, 후추 조금

1 닭가슴살, 양파, 당근은 먹기 좋은 크기로 썰고, 브로콜리는 데쳐서 물기를 짜 둡니다.

2 닭가슴살은 소금과 후추로 밑간해 30분쯤 재어 둡니다.

3 기름을 두른 팬에 중불로 다진 마늘을 볶다가 닭가슴살과 채소를 넣고 굴소스, 설탕을 넣어 빠르게 볶아 줍니다.

1

2

3-1

3-2

냉이된장국

냉이 50g, 멸치육수 500ml, 된장 1T, 다진 마늘 1t, 두부 1/3모, 대파 1/2개, 홍고추 조금

1 멸치육수에 된장을 풀어 줍니다.
2 1이 끓으면 다진 마늘을 넣고 손질해 씻어둔 냉이와 깍둑썬 두부를 넣어 줍니다.
3 한소끔 끓이다 불을 끄고 송송 썰어 둔 대파와 홍고추를 넣어 줍니다.

1-1 1-2 2 3

멸치액젓무침

멸치 30g, 홍고추 1/3개, 쪽파 2줄

멸치양념
다진 마늘 1t
액젓 1t
참기름 1T
설탕 1t
통깨 조금

1 멸치를 마른 팬에 센불로 볶아 수분을 날려 줍니다.
2 홍고추와 쪽파를 다져 둡니다.
3 볼에 볶은 멸치를 넣고 다진 홍고추와 쪽파, 분량의 양념을 넣고 조물조물 무쳐 냅니다.

1 2 3

닭가슴살함박스테이크+버섯미소장국+두부브로콜리무침

닭가슴살함박스테이크

재료(약 2인분)

닭가슴살 200g, 숙주 100g, 대파 1개

함박양념

다진 마늘 1T
다진 양파 2T
간장 1T
소금 1t
설탕 1t
맛술 1T
빵가루 1컵

소스

달걀노른자 2개
쯔유 1T
참기름 1t

1 닭가슴살을 잘게 다져 둡니다.

2 데친 숙주를 꼭 짜서 다지고, 대파의 흰 부분만 다져 둡니다.

3 볼에 1과 2를 넣고 분량의 양념을 넣고 골고루 섞어 치댄 후 먹기 좋은 크기로 빚어 줍니다.

4 팬에 기름을 넉넉히 두르고 달군 후 약불로 노릇하게 구워 줍니다.

5 소스를 끼얹어 냅니다.

* 숙주는 아삭한 식감을 위해 살짝 데쳐 찬물에 헹궈 주세요.
* 뚜껑이 있는 팬에 뚜껑을 덮어 골고루 익혀 주세요.

1

2

3-1

3-2

4-1

4-2

5

버섯미소장국

두부 1/2모, 양송이버섯 2개, 표고버섯 2개, 쪽파 조금, 미소 1T, 멸치육수 500ml

1 멸치육수에 미소를 풀어 끓입니다.
2 두부와 버섯은 깍둑썰기하고 쪽파는 총총 썰어 둡니다.
3 1이 끓어오르면 두부와 버섯을 넣고 한소끔 끓여 줍니다.
4 두부가 익으면 불을 끄고 그릇에 담고 총총 썬 쪽파를 담아냅니다.

1

2

3

4

두부브로콜리무침

두부 1/2모, 브로콜리 40g, 당근 조금

양념
소금 1/3t
설탕 1/3t
참기름 2t
다진 마늘 1/2t
통깨 조금

1 두부를 데쳐 면보로 꼭 짜 둡니다.
2 당근은 작게 채 썰고, 브로콜리는 데쳐 꼭 짠 후 먹기 좋은 크기로 자릅니다.
3 볼에 1과 2를 넣고 분량의 양념을 넣어 조물조물 무쳐 냅니다.

1

3

닭갈비덮밥+돌나물무침

닭갈비덮밥

재료(약 2인분)

닭가슴살 200g, 양배추 1/6개, 양파 1/2개, 대파 1/2개, 소금 조금, 후추 조금, 통깨 조금

닭갈비양념

간장 2T
굴고스 1t
고추장 1T
고춧가루 1T
다진 마늘 1T
참기름 1T
설탕 1T
후추 조금

1 닭가슴살은 먹기 좋은 크기로 썰어 소금과 후추로 밑간해 30분쯤 재어 둡니다.
2 채소도 먹기 좋은 크기로 썰어 둡니다.
3 팬에 기름을 넉넉히 두르고 닭과 양념을 넣고 센불에 볶아 줍니다.
4 닭이 반쯤 익었을 때 채소를 넣고 중불로 숨이 살짝 죽을 때까지 볶아 줍니다.
5 밥과 함께 담아냅니다.

돌나물무침

돌나물 80g

양념

소금 1/3t
설탕 1t
고춧가루 1t
다진 마늘 1t
참기름 1/2t
식초 1t
통깨 조금

1 돌나물을 씻어 물기를 빼 둡니다.
2 1을 볼에 담고 분량의 양념을 넣고 골고루 버무려 냅니다.
* 숨이 금방 죽기 때문에 조물조물 무치지 않고 살살 버무려야 해요.

닭고기간장조림+보리새우아욱국+오이들기름무침

닭고기간장조림

재료(약 1인분)

닭다리살 200g, 감자 1개, 당근 1/3개, 양파 1/2개, 표고버섯 2개, 대파 1/2개, 홍고추 조금

양념

물 1/2컵
간장 3T
쯔유 1T
맛술 2T
다진 마늘 1T
설탕 1T
후추 조금
생강가루 조금
페페론치노 조금

1 닭고기는 먹기 좋은 크기로 썰어 소금과 후추로 밑간해 재어 둡니다.
2 감자, 당근, 양파를 깍둑썰기하고, 감자와 당근은 끝을 둥글려 줍니다.
3 냄비에 1과 2를 넣고 분량의 양념을 넣고 끓여 줍니다.
4 표고버섯, 대파, 홍고추를 썰어 둡니다.
5 3이 익으면 표고버섯을 넣고 저어 준 후 불을 끄고 대파와 홍고추를 넣어 줍니다.

1

2

3

4

5

보리새우아욱국

아욱 200g, 쌀뜨물 600ml, 된장 2T, 다진 마늘 1T, 보리새우 한 줌, 대파1/2, 멸치 한 줌, 다시마 조금

1. 쌀뜨물에 멸치와 다시마를 넣고 약불로 끓이다 끓어오르면 불을 끄고 건져 냅니다.
2. 아욱은 줄기를 자르고 바락바락 치댄 후 미끈거림이 없을 때까지 씻어 건져 둡니다.
3. 1에 된장 2T, 다진 마늘 1T, 아욱을 넣고 끓여 줍니다.
4. 보리새우를 넣고 아욱이 누렇게 될 때까지 끓이다 불을 끄고 어슷썰기한 대파를 넣어 줍니다.

* 아욱은 푹 끓여 줘야 풀비린 맛이 안 나요.

오이들기름무침

오이 1/2개, 소금 1/2t, 매실액 1/2t, 들기름 1T, 쪽파 2줄, 홍고추 조금

1. 오이는 얇게 저며 썰어 소금 1/2t를 넣고 30분쯤 절여 둡니다.
2. 1을 꼭 짠 후 매실액 1/2t, 들기름 1T와 총총 썬 쪽파, 홍고추를 넣고 조물조물 무쳐 냅니다.

닭고기바지락전골+오징어냉이부침개+참나물무침

닭고기바지락전골

재료(약 1인분)

닭다리살 150g, 바지락 150g,
바지락육수 500ml, 알배추 70g,
백만송이버섯 70g, 대파 1/2개,
소금 약간, 다진 마늘 1t, 액젓 1T,
맛술 1T, 후추 조금,
페페론치노(취향껏)

1 닭다리살은 먹기 좋은 크기로 썰어 소금과 후추로 밑간해 30분쯤 재어 둡니다.
2 해감한 바지락을 깨끗이 씻어 끓는 물에 데친 후 육수와 바지락을 따로 담아 둡니다.
3 배추는 먹기 좋은 크기로 썰고, 버섯은 가닥가닥 떼어 둡니다.
4 대파는 어슷하게 썰어 둡니다.
5 냄비에 바지락육수를 넣고 닭고기와 맛술 1T, 다진 마늘 1t, 페페론치노를 넣고 끓여 줍니다.
6 닭이 익으면 액젓 1T로 간하고, 배추와 버섯을 넣고 끓이다 숨이 살짝 죽으면 불을 끄고 대파를 넣은 후 후추를 뿌려 냅니다.

1

2-1

2-2

3

4

5

6

오징어냉이부침개

오징어 120g, 냉이 50g,
부침가루 2T, 달걀 1개, 소금 1/3t,
쪽파 3줄, 홍고추 조금

1 오징어는 잘게 다져 둡니다.
2 냉이는 손질해 깨끗이 씻은 후 소금물에 데쳐 찬물에 헹군 뒤 꼭 짜 총총 썰어 둡니다.
3 홍고추와 쪽파를 잘게 썰어 둡니다.
4 볼에 1, 2, 3을 넣고 부침가루 2T와 달걀, 소금 1/3t를 넣고 반죽합니다.
5 기름을 두른 팬이 달궈지면 약불로 줄이고, 팬에 노릇노릇 지져 냅니다.

참나물무침

참나물 60g, 대파 조금

양념
소금 1/2t
들기름 2t
매실액 1/2t
다진 마늘 1t
통깨 조금

1 참나물을 깨끗이 씻어 반으로 잘라 끓는 물에 소금을 넣고 데쳐 찬물에 헹궈 꼭 짜 둡니다.
2 1에 분량의 양념을 넣고 조물조물 무쳐 냅니다.

* 참나물은 데칠 때 줄기 먼저 넣고 30초 후 이파리를 넣어 저어준 후 바로 건져 내세요.

닭고기달걀덮밥(오야꼬동)+오이깍두기

닭고기달걀덮밥

재료(약 1인분)

닭가슴살(또는 닭다리살) 180g,
양파 1/2개, 쯔유 2T,
다시마육수 1/2컵, 맛술 1T,
소금 조금, 후추 조금,
달걀 1개, 쪽파 조금

1 먹기 좋은 크기로 썬 닭가슴살을 소금과 후추로 밑간해 30분쯤 재어 둡니다.
2 양파는 슬라이스하고, 쪽파는 총총 썰어 두고, 달걀도 곱게 풀어 둡니다.
3 기름을 두르고 달군 팬에 1을 넣고 맛술 1T를 넣고 센불에 볶아 줍니다.
4 닭고기가 어느 정도 익으면 양파, 다시마육수, 쯔유를 넣고 끓여 줍니다.
5 육수가 반쯤 졸았을 때 풀어 둔 달걀을 넣고 뚜껑을 덮고 약불로 줄여 2분쯤 끓인 후 불을 끕니다.
6 그릇에 밥을 담고 5를 올린 후 쪽파를 올려 냅니다.

* 달걀은 완전히 익히지 않아야 부드럽게 먹을 수 있어요.

오이깍두기

오이 1개, 대파 1/3개,
홍고추 조금, 소금 1/2t

양념

액젓 1t
다진 마늘 1t
설탕 1t
고춧가루 1t
통깨 조금

1 오이는 가로 2등분, 세로 2등분으로 갈라 속을 긁어 냅니다.
2 1을 1cm 크기로 썰어 소금 1/2t를 넣고 버무려 10분쯤 절여 둡니다.
3 대파와 홍고추를 잘게 썰어 둡니다.
4 2에 3과 분량의 양념을 넣고 조물조물 버무려 냅니다.

3

돼지고기 밥상

돼지고기생강구이+쑥국+애호박액젓볶음

돼지고기생강구이

재료(약 1인분)

돼지고기목살 200, 소금 조금, 후추 조금, 부침가루

양념

다진 생강 1/2T
간장 2T
맛술 1T
올리고당 1T
후추 조금

1 돼지고기목살은 소금과 후추를 뿌려 밑간해 1시간쯤 재어 둡니다.
2 1에 부침가루를 앞뒤로 묻혀 줍니다.
3 2를 팬에 노릇하게 구워 줍니다.
4 3에 분량의 양념을 넣어 조려 줍니다.

쑥국

쑥 150g, 두부 1/2모, 쌀뜨물 500ml,
된장 1T, 다진 마늘 1t, 대파 1/2개,
홍고추 조금, 멸치 조금, 디포리 조금,
다시마 조금, 보리새우 조금

1 쌀뜨물에 육수 재료를 넣고 약불로 15분쯤 끓인 후 건져 냅니다.
2 쑥은 깨끗이 손질해 씻고 살짝 데쳐 찬물에 헹궈 꼭 짜 둡니다.
3 두부는 깍뚝썰기로 썰어 두고, 대파와 홍고추도 송송 썰어 둡니다.
4 1에 된장 1T와 다진 마늘 1t를 풀고 쑥과 두부를 넣은 후 한소끔 끓여 줍니다.
5 불을 끄고 대파와 홍고추를 넣어 줍니다.

* 기호에 따라 청양고추를 넣으세요.
* 쑥을 데쳐 넣으면 쓴맛이 나지 않아요.

애호박액젓볶음

애호박 1/2개, 쪽파 3줄,
홍고추 조금, 소금 조금

양념
다진 마늘 1t
액젓 1t
설탕 1/3t
고춧가루 1t
참기름 1t

1 애호박은 굵게 채 썰어 소금 한 꼬집을 넣고 30분가량 절여 둡니다.
2 1을 찬물에 헹궈 물기를 빼 둡니다.
3 기름을 두른 팬에 다진 마늘 1t를 먼저 넣고 볶다가 애호박을 넣고 참기름을 제외한 양념을 넣고 볶아 줍니다.
4 애호박이 익으면 불을 끄고 참기름 1t를 둘러 줍니다.

목살구이부추무침+황태설렁탕+팽이버섯부추전

목살구이부추무침

재료(약 2인분)

목살 300g, 영양부추 1단,
양파 1/2개

양념
다진 마늘 1t
액젓 2t
고춧가루 1t
참기름 1t
설탕 1t
통깨 조금

1 목살은 소금과 후추를 뿌려 1시간쯤 재어 둡니다.
2 영양부추는 다듬어 씻어 5cm 정도로 썰고, 양파는 얇게 썰어 둡니다.
3 팬에 목살을 노릇하게 구워 먹기 좋은 크기로 썰어 줍니다.
4 3에 2를 넣고 분량의 양념을 넣고 버무려 냅니다.

1

2

3-1

3-2

4

황태설렁탕

황태채 60g, 두부 1/2모, 달걀 1개, 대파 1/2개, 참기름 1T, 액젓 조금

1 황태채는 먹기 좋은 크기로 잘라 물에 적셔 꾹 짜 둡니다.
2 냄비에 참기름 1T를 두르고 1을 고들고들해질 때까지 볶아 줍니다.
3 2에 물을 200ml 정도 붓고 팔팔 끓여 국물이 뽀얗게 우러나면 물을 500ml 정도 더 붓고 끓여 줍니다.
4 두부는 깍둑썰기하고 대파는 송송 썰어 둡니다.
5 3이 끓으면 두부를 넣고 끓이다 달걀물을 붓고 한소끔 끓인 후 액젓으로 간한 뒤 불을 끄고 대파를 넣어 줍니다.

* 달걀물에 물을 아주 조금 섞어 주면 보들보들해요.
* 황태는 고들고들해질 때까지 오래 볶아 줘야 국물이 뽀얗게 잘 우러나요.

팽이버섯부추전

부추 40g, 팽이버섯 60g, 달걀 1개, 부침가루 1T, 홍고추 조금

양념

소금 1/3t
참기름 1t
후추 약간

1 부추와 팽이버섯을 총총 썰어 둡니다.
2 1에 달걀과 부침가루 1T, 분량의 양념을 넣고 골고루 섞어 줍니다.
3 기름을 두른 팬이 달궈지면 약불로 줄이고, 팬에 2를 먹기 좋은 크기로 떠 넣고 홍고추를 고명으로 올려 줍니다.
4 노릇노릇하게 지져 냅니다.

돼지고기덮밥(부타동)+상추오이샐러드

돼지고기덮밥

재료(약 1인분)

삼겹살 300g, 쪽파 3줄,
소금 조금, 후추 조금

양념

간장 3T, 맛술 1T, 설탕 1T, 생강가루 조금

1 삼겹살은 소금과 후추를 뿌려 1시간쯤 재어 둡니다.

2 팬에 삼겹살을 노릇하게 구워 줍니다.

3 2를 먹기 좋은 크기로 썰어 두고, 고명으로 올릴 쪽파는 송송 썰어 둡니다.

4 팬에 3을 넣고 분량의 양념을 넣어 조려 줍니다.

5 그릇에 밥을 담고 4를 올려 준 후 쪽파를 올려 냅니다.

상추오이샐러드

상추 5장, 오이 1개,
대파 1/3(흰 부분), 소금 조금,
설탕 약간, 들기름 1T, 쯔유 1t,
통깨(간 것) 1T

1 상추는 씻어 물기를 제거한 후 먹기 좋은 크기로 썰고, 오이는 어슷하게, 대파는 채 썰어 줍니다.

2 볼에 1을 담고 소금과 설탕 한 꼬집, 쯔유 1t, 들기름 1T, 간 통깨 1T를 넣고 살살 버무려 냅니다.

돼지고기감자볶음덮밥+알배추된장무침

돼지고기감자볶음덮밥

재료(약 2인분)

돼지고기 180g, 감자 1개, 양파 1/2개, 쪽파 3줄, 다진 마늘 1T, 소금 조금, 후추 조금, 페페론치노(취향껏)

양념

맛술 1T, 간장 1T, 굴소스 1T, 고춧가루 1T, 참기름 1T

1. 감자는 채 썰어 물에 담가 전분기를 뺀 후 채반에 밭쳐 물기를 빼 둡니다.
2. 돼지고기는 잡채용 크기로 썰어 소금과 후추로 밑간해 30분쯤 재어 둡니다.
3. 양파는 얇게 썰고 쪽파는 2cm 크기로 썰어 둡니다.
4. 기름을 둘러 달군 팬에 다진 마늘 1T와 페페론치노를 넣고 볶다가 돼지고기, 맛술 1T, 간장 1T를 넣고 볶아 줍니다.
5. 고기가 어느 정도 익으면 감자와 양파를 넣고 굴소스 1T, 고춧가루 1T를 넣고 볶아 줍니다.
6. 감자가 익으면 불을 끄고 쪽파를 넣은 후 참기름 1T를 넣고 섞어 줍니다.
7. 밥과 함께 담아냅니다.

알배추된장무침

알배추 100g, 대파 1/3개, 소금 조금

양념

다진 마늘 1t
된장 1t
매실액 1t
참기름 1t

1. 알배추잎을 끓는 물에 데쳐 찬물에 헹궈 꼭 짠 후 총총 썰어 소금 한 꼬집을 넣고 10분쯤 절여 둡니다.
2. 1에 총총 썬 대파와 분량의 양념을 넣고 조물조물 무쳐 냅니다.

돼지고기미나리볶음+봄동새우국+양배추김치

돼지고기미나리볶음

재료(약 2인분)

돼지고기 200g, 미나리 70g

양념

다진 마늘 1T
참기름 1T
맛술 1T
액젓 1T
굴소스 1/2t
설탕 1t
참기름 1T
소금 조금
후추 조금
페페론치노(취향껏)

1 돼지고기는 먹기 좋은 크기로 썰어 소금과 후추로 밑간해 1시간가량 재어 둡니다.

2 미나리는 깨끗이 씻어 물기를 뺀 후 7cm 정도로 썰어 둡니다.

3 기름을 둘러 달군 팬에 다진 마늘 1T, 페페론치노를 넣고 센불에서 볶다가 돼지고기를 넣고 맛술 1T를 넣고 볶아 줍니다.

4 고기가 반쯤 익으면 액젓 1T, 굴소스 1/2t, 설탕 1t를 넣고 볶다가 미나리를 넣고 슬쩍 볶아 줍니다.

5 불을 끄고 참기름 1T를 둘러 줍니다.

1

2

3

4

5

봄동새우국

봄동 120g, 새우 5마리,
멸치육수 500ml, 된장 1T,
다진 마늘 1t, 대파 1/2개,
홍고추 조금

1 봄동은 데쳐서 찬물에 헹궈 꼭 짠 후 먹기 좋은 크기로 썰고, 새우는 머리를 자르고 껍질을 벗겨 1cm 크기로 썰어 둡니다.
2 멸치육수에 새우머리를 넣고 끓이다 새우머리는 건져 내고 다진 마늘 1t와 된장 1T를 풀어 줍니다.
3 2에 봄동과 새우를 넣고 끓이다 새우가 익으면 불을 끄고 송송 썬 대파와 홍고추를 넣어 줍니다.

* 기호에 따라 청양고추를 넣으세요.

양배추김치

양배추 120g, 소금 1/2t, 쪽파 3줄,
홍고추 조금

양념
액젓 1t
다진 마늘 1t
고춧가루 1t
설탕 1t

1 양배추는 먹기 좋은 크기로 썰어 소금 1/2t를 넣고 30분간 절여 둡니다.
2 쪽파와 홍고추는 1cm 크기로 썰어 둡니다.
3 물기를 뺀 양배추에 2와 분량의 양념을 넣고 버무려 냅니다.

돼지고기양배추된장소스볶음+시금치굴국+두릅초무침

돼지고기양배추된장소스볶음

재료(약 2인분)

돼지고기안심 150g, 양배추 1/6개,
대파 1/2개, 맛술 1T, 소금과 후추 조금

된장소스

된장 1T
다시마육수 3T
굴소스 1/2T
다진 마늘 1T
참기름 1T
매실액 1T
레몬즙 1t

1 얇게 썬 돼지고기 안심을 소금과 후추로 밑간해 둡니다.
2 양배추는 한입 크기로 썰고, 대파는 어슷하게 썰어 둡니다.
3 기름을 두른 팬에 돼지고기를 넣은 후 맛술 1T를 넣고 센불에 볶아 줍니다.
4 고기가 반쯤 익으면 양배추와 된장소스를 넣고 빠르게 볶아 냅니다.
5 불을 끄고 대파를 넣은 후 골고루 섞어 줍니다.

1

2

3

4

5

시금치굴국

시금치 1/2단, 굴 150g,
멸치육수 600ml, 된장 2T,
다진 마늘 1T, 대파 1/2개

1 시금치는 깨끗이 다듬어 씻은 후 끓는 물에 소금을 넣고 살짝 데쳐 헹궈 꼭 짜 둡니다.
2 멸치육수에 된장 2T를 풀어 끓입니다.
3 굴은 깨끗이 씻어 두고, 대파는 송송 썰어 준비해 둡니다.
4 2가 끓으면 씻어놓은 굴과 시금치를 넣고 다진 마늘 1T를 넣고 한소끔 끓여 줍니다.
5 불을 끄고 송송 썬 대파를 넣어 줍니다.

* 기호에 따라 청양고추를 넣으세요.
* 시금치는 데쳐 넣어야 국물색이 탁해지지 않아요.

두릅초무침

두릅 8개

양념
고추장 1t
식초 1t
매실액 1t
다진 마늘 1/2t
통깨 조금

1 끓는 물에 소금을 넣고 손질한 두릅을 데쳐 찬물에 헹군 후 꼭 짜 둡니다.
2 1에 분량의 양념을 넣고 조물조물 무쳐 냅니다.

* 두릅은 줄기가 억세기 때문에 줄기부터 세워서 30초쯤 데치다 전부 집어넣고 10초만 빠르게 데치세요.

4

소고기 밥상

소고기미나리말이+맑은 순두부+무생채

소고기미나리말이

재료(약 1인분)

소고기불고기용 200g, 미나리 50g,
소금 조금, 후추 조금

소스

간장 2T
다시마육수 1T
맛술 1T
다진 마늘 1T
설탕 1/2T

1 소고기를 도마에 펴서 소금과 후추로 밑간한 후 손질해 씻어 둔 미나리 줄기 부분을 길이에 맞춰 잘라 올리고 돌돌 말아 줍니다.
2 기름을 둘러 달군 팬에 1을 올리고 약불에서 골고루 익혀 줍니다.
3 2에 분량의 소스를 3회로 나누어 부어 주면서 조려 줍니다.
4 3을 먹기 좋은 크기로 썰어 냅니다.

1-1

1-2

2

3

4

맑은 순두부

순두부 300g, 멸치육수 300ml,
액젓 1t, 버섯류(종류는 취향껏) 80g,
대파 1/2개

1 멸치육수를 끓입니다.
2 순두부는 채반에 올려 물기를 빼 둡니다.
3 버섯과 대파를 송송 썰어 둡니다.
4 1이 끓으면 순두부를 넣고 액젓 1t를 넣고 간해 줍니다.
5 버섯과 대파를 넣고 한소끔 끓인 후 불을 끕니다.

1

2

3

4

5

무생채

무 350g, 대파 1/2개, 소금 1/2T

양념
액젓 1T
고춧가루 2T
매실액 1T
참기름 1t
통깨 조금

1 무는 얇게 채 썰어 소금을 넣고 30분가량 뒤집어가며 절여 줍니다.
2 1을 채반에 올려 물기를 빼 줍니다.
3 볼에 2를 넣고 다진 대파와 분량의 양념을 넣고 무쳐 냅니다.

1

2

3

불고기된장전골+가지전+미나리통깨무침

불고기된장전골

재료(약 2인분)

소고기불고기용 200g, 호박 1/3개,
두부 1/2모, 알배추(취향껏),
버섯류(취향껏), 대파1/2개,
홍고추 조금, 된장 1T,
다진 마늘 1/2T, 쯔유 1T,
쌀뜨물 멸치육수 600ml,
소금 조금, 후추 조금

1 소고기는 소금과 후추로 밑간해 1시간가량 재어 둡니다.
2 쌀뜨물로 멸치육수를 내어 건더기는 건져 낸 후 된장 1T, 다진 마늘 1/2T, 쯔유 1T를 넣어 끓여 둡니다.
3 채소와 버섯, 두부를 썰어 둡니다.
4 2에 1과 3을 가지런히 담아 한소끔 끓여 줍니다.

1

2

3

4

가지전

가지 1개, 달걀 1개, 부침가루, 소금 조금

1 가지는 0.5mm 정도의 두께로 어슷하게 썰어 둡니다.
2 1에 부침가루를 묻혀 줍니다.
3 소금을 조금 넣은 달걀물을 묻혀 노릇하게 부쳐 냅니다.
* 초간장에 찍어 먹으면 맛있어요.

미나리통깨무침

미나리 250g

양념
소금 1/2t
설탕 1/2t
들기름 1T
다진 마늘 1t
통깨(간 것) 2T

1 미나리는 깨끗이 씻어 반으로 잘라 끓는 물에 소금을 넣고 데쳐 줍니다.
2 1을 찬물에 헹궈 꼭 짠 후 먹기 좋은 크기로 썰어 둡니다.
3 볼에 2를 담고 분량의 양념을 넣고 조물조물 무쳐 냅니다.
* 미나리는 먼저 줄기부터 30초 데치고 이파리까지 넣어 저어 준 후 바로 건져 찬물에 헹궈요.

소고기가지볶음덮밥+달걀국

소고기가지볶음덮밥

재료(약 2인분)

소고기 100g, 가지 1개, 양파 1/2개, 대파 1개, 다진 마늘 1T, 맛술 1T, 참기름 1T, 전분물 조금, 페페론치노(취향껏), 간장 조금, 후추 조금

양념

간장 1T
굴소스 1T
설탕 1/2T
고춧가루 1t

1 3cm 길이로 가늘게 썬 소고기(잡채용)는 간장과 후추로 밑간해 1시간 이상 재어 둡니다.
2 가지는 반으로 잘라 어슷하게 썰고, 양파, 대파도 썰어 둡니다.
3 기름을 둘러 달군 팬에 1의 재어 둔 소고기, 맛술 1T, 페페론치노를 넣고 센불에서 볶아 줍니다.
4 고기가 익으면 가지와 채소를 넣고 분량의 양념을 넣은 후 볶다가 전분물을 넣어 농도를 맞춘 후 불을 끄고 참기름을 둘러 줍니다.
5 밥과 함께 담아냅니다.

1

2-1

2-2

3

4

5

달걀국

멸치육수 500ml, 달걀 2개, 팽이버섯 50g, 대파 조금, 액젓 1t, 참기름 1t

1 멸치육수를 끓입니다.
2 달걀은 물 10ml를 넣고 곱게 풀어두고 팽이버섯은 잘게 썰고, 대파는 송송 썰어 둡니다.
3 1이 끓어오르면 달걀물을 넣어 줍니다.
4 달걀이 익으면 썰어 둔 팽이버섯을 넣고 액젓 1t를 넣고 간한 후 불을 끄고 참기름 1t를 넣어 줍니다.
5 대파를 올려 냅니다.

* 달걀물을 넣은 후 젓지 마세요.

1

2-1

2-2

4

5

스테이크덮밥+토마토김치

스테이크덮밥

재료(약 2인분)

채끝살(또는 등심) 400g, 양파 1개, 쪽파 5줄, 소금 조금, 후추 조금, 버터 조금, 와사비 조금

소스

물 2T, 간장 2T, 맛술 2T, 설탕 2T

1 스테이크용 채끝살은 소금과 후추를 뿌려 실온에서 1시간 재어 둡니다.
2 양파는 얇게 썰고, 쪽파는 송송 썰어 둡니다.
3 기름을 두른 웍에 양파를 넣고 투명해질 때까지 볶다 소스를 넣고 조려 줍니다.
4 올리브유를 둘러 달군 팬에 버터를 넣고 스테이크를 구워 줍니다.
5 구워진 스테이크를 얇게 썰어 줍니다.
6 그릇에 밥을 담고 조려진 양파를 올린 후 고기를 둘러 담고 소스를 뿌리고 쪽파와 와사비를 올려 냅니다.

1

2

3-1

6

3-2

4

5

토마토김치

토마토 3개, 양파 1/2개, 쪽파 3개, 소금 1/2t

양념

액젓 1t
다진 마늘 1t
고춧가루 1t
설탕 1t
통깨 조금

1 토마토를 4등분해 소금에 30분간 절여 둡니다.
2 양파는 슬라이스하고 쪽파도 1cm 길이로 썰어 둡니다.
3 1에서 생긴 물을 따라 버리고 2를 넣은 후 분량의 양념을 넣고 버무려 냅니다.

* 토마토는 흑토마토같이 단단한 토마토를 사용하세요.

1

2

3

소고기두부조림+가지찜+세발나물겉절이

소고기두부조림

재료(약 1인분)

소고기 100g, 두부 1/2모,
다시마육수 1컵, 간장 2T, 맛술 1T,
다진 마늘 1T, 설탕 1T, 달걀 1개,
대파 1개, 후추 조금

1 잘게 다진 소고기는 간장 조금, 후추로 밑간해 1시간쯤 재어 둡니다.
2 대파는 송송 썰어 두고, 두부는 먹기 좋은 크기로 썰어 노릇하게 부쳐 둡니다.
3 기름을 두른 웍에 썰어 둔 대파와 다진 마늘 1T를 넣고 센불에서 볶아 파기름을 냅니다.
4 3에 소고기를 넣고 맛술 1T, 간장 2T, 설탕 1T를 넣고 볶다가 고기가 익으면 다시마육수 1컵을 넣고 끓여 줍니다.
5 4에 노릇하게 부쳐 둔 두부를 넣고 조려 줍니다.
6 육수가 반쯤 졸면 달걀을 넣고 뚜껑을 덮어 약불에서 5분쯤 끓이다 불을 꺼 줍니다.

* 달걀을 완전히 익히지 않고 노른자가 반숙이 되어야 맛있어요.

* 고기는 다짐육보다 손으로 다져야 식감이 좋아요.

1

2-1

2-2

3

4-1

4-2

5

6

가지찜

가지 1개, 쪽파 조금, 홍고추 조금

양념

간장 3t
다진 마늘 1t
설탕 1/2t
참기름 1t
고춧가루 1/2t
통깨 조금

1 가지는 3cm 크기로 썬 후 한 면에 십자로 칼집을 넣어 줍니다.
2 찜기에 물을 붓고 끓이다 물이 끓으면 1을 넣고 5분가량 쪄 줍니다.
3 고명으로 쓸 쪽파와 홍고추를 잘게 썰어 둡니다.
4 찐 가지를 한 김 식힌 후 칼집을 벌려 양념을 넣은 후 고명을 올려 냅니다.

세발나물겉절이

세발나물 50g

양념

액젓 1t
식초 1t
참기름 1/2
고춧가루 1t
설탕 2t
다진 마늘 1t

1 세발나물은 깨끗이 씻어 물기를 뺀 후 먹기 좋은 크기로 썰어 둡니다.
2 1에 분량의 양념을 넣고 버무려 냅니다.

소고기덮밥(규동)+냉이초무침

소고기덮밥

재료(약 2인분)

소고기불고기용 300g, 양파 1/2개, 달걀 2개, 대파(흰 부분) 조금

고기양념

다진 마늘 1T
간장 2T
쯔유 2T
설탕 2T
맛술 2T

1 소고기는 얇게 썬 양파와 분량의 양념을 넣고 버무려 반나절 이상 재어 둡니다.
2 대파는 흰 부분 말고 푸른 부분을 송송 썰어 두고 달걀은 노른자를 분리해 둡니다.
3 기름을 두른 팬에 재어 둔 소고기를 놓고 센불에서 볶아 줍니다.
4 밥 위에 3을 놓고 대파를 고르게 뿌리고 달걀노른자를 고명으로 올려 냅니다.
* 기호에 따라 시치미(또는 고춧가루)를 뿌려 주세요.

1

2-1

2-2

3

4

냉이초무침

냉이 70g

양념
액젓 1/2t
설탕 1t
참기름 1/2t
고추장 1t
다진 마늘 1t
식초 1t
통깨 조금

1 냉이는 손질해 깨끗이 씻은 후 끓는 물에 소금을 넣고 데쳐 찬물에 헹궈 줍니다.
2 1을 꼭 짠 후 먹기 좋은 크기로 썰어 둡니다.
3 볼에 냉이를 담고 분량의 양념을 넣어 조물조물 무쳐 냅니다.

1-1

1-2

2

3

5

두부 · 콩 밥상

두부버섯전골+가지쯔유조림+새우오이샐러드

두부버섯전골

재료(약 1인분)

두부 1/2모, 호박 1/3개,
표고버섯 2개, 백만송이버섯 50g,
황금팽이버섯 30g(버섯류는 취향껏),
대파 1/2개, 홍고추 조금,
다시마육수 300ml, 액젓 2t,
소금 조금, 후추 조금

1 두부는 먹기 좋은 크기로 썰어 소금과 후추로 밑간해 팬에 노릇하게 부쳐 둡니다.
2 채소와 버섯을 썰어 둡니다.
3 냄비에 1과 2를 가지런히 담아 줍니다.
4 3에 다시마육수를 부어 끓이다 액젓 2t를 넣고 간해 줍니다.

1

2

3

4

가지쯔유조림

가지 1개, 쪽파 3줄

양념
다시마육수 100ml
쯔유 3T
간장 1T
다진 마늘 1t
설탕 1T

1 가지는 반으로 갈라 4등분으로 썰어 겉면에 칼집을 넣어 줍니다.
2 팬에 1을 넣고 분량의 양념을 넣어 조려 줍니다.
3 그릇에 담고 송송 썬 쪽파를 뿌려 냅니다.

1-1

1-2

2

3

새우오이샐러드

오이 1/2개, 새우 5마리, 소금 조금

양념
액젓 1t
매실액 2t
올리브오일 1t
레몬즙 1t
다진 마늘 1t
크러시드페퍼 조금

1 오이는 껍질을 벗겨 0.5cm 두께로 썰어 소금 한 꼬집을 넣고 30분간 절여 두고, 새우는 껍질을 까서 데쳐 먹기 좋은 크기로 썰어 둡니다.
2 볼에 물기를 뺀 오이와 새우를 넣고 분량의 양념을 넣고 버무려 냅니다.

1

2

순두부된장찌개+도토리묵무침+새송이청경채볶음

순두부된장찌개

재료(약 2인분)

순두부 1봉지(350g),
멸치육수 500ml, 호박 1/3개,
버섯류 조금, 달래 한 줌, 대파 1/3개,
홍고추 조금, 된장 1T,
다진 마늘 1t

1 호박, 버섯, 대파, 홍고추를 썰어 둡니다.
2 멸치육수에 된장 1T와 다진 마늘 1t, 호박을 넣고 끓여 줍니다.
3 2가 끓어오르면 숭덩숭덩 썬 순두부를 넣어 줍니다.
4 한소끔 끓인 후 버섯과 대파, 홍고추를 넣고 불을 끕니다.
* 기호에 따라 청양고추를 넣어 줍니다.

도토리묵무침

도토리묵 200g, 오이 1/2개,
대파(흰 부분) 조금, 청홍고추 조금,
김가루 조금

양념

간장 1t
액젓 1t
다진 마늘 1t
설탕 1t
들기름 1T
고춧가루 1t
통깨 조금

1 도토리묵은 끓는 물에 데친 후 깍둑썰기해 둡니다.
2 돌려 깎은 오이는 채 썰고, 대파도 비슷한 크기로 채 썰고, 고추는 송송 썰어 둡니다.
3 볼에 1과 2를 넣고 분량의 양념과 김가루를 넣은 후 살살 버무려 냅니다.

1

2

3

새송이청경채볶음

새송이버섯 1개, 청경채 2개,
대파 1/3개, 다진 마늘 1t,
참기름 1t, 페페론치노(취향껏)

양념

굴소스 1/2t
간장 1t
소금 1/3t
설탕 1/3t

1 새송이버섯과 청경채를 먹기 좋은 크기로 썰어 둡니다.
2 기름을 두른 팬에 송송 썬 대파와 다진 마늘 1t, 페페론치노를 넣고 볶아 줍니다.
3 2에 새송이버섯과 분량의 양념을 넣고 중불에 볶다가 청경채를 넣고 숨이 죽을 때까지 볶아 줍니다.
4 불을 끄고 참기름을 둘러 줍니다.

1

2

3

된장두부덮밥+가지냉국

된장두부덮밥

재료(약 2인분)

두부 1모, 돼지고기다짐육 150g, 청경채 2개, 양파 1개, 새송이버섯, 느타리버섯, 청홍고추 조금, 전분물 조금, 참기름 1t

양념

된장 2T, 굴소스 1T, 다진 청양고추 1T, 다진 마늘 1/2T, 설탕 2t

고기양념

소금 1/2t, 후추 약간, 맛술 1T, 생강가루

1 돼지고기는 분량의 양념을 넣고 밑간해 1시간가량 재어 둡니다.
2 두부는 깍둑썰기해서 채반에 밭쳐 물기를 빼 둡니다.
3 양파, 청경채, 버섯을 잘게 썰어 둡니다.
4 기름을 두른 팬에 돼지고기와 양파를 넣고 센불에서 볶아 줍니다.
5 고기가 익으면 두부와 분량의 양념을 넣고 끓여 줍니다.
6 5에 채소와 버섯을 넣고 전분물을 넣어 농도를 맞춘 후 불을 끄고, 참기름을 둘러 줍니다.
7 밥과 함께 담아냅니다.

가지냉국

가지 1개, 다시마육수 500ml, 쪽파 3줄, 홍고추 조금

육수양념

국간장 1T
쯔유 1T
식초 2T
설탕 1/2T

가지양념

국간장 1t
다진 마늘 1/2t
참기름 1t
고춧가루 1t
설탕 1/2t
통깨 조금

1 가지는 찜기로 5분 정도 쪄 준 후 한 김 식혀 찢어 둡니다.
2 다시마육수에 분량의 양념을 넣어 차게 식혀 둡니다.
3 1에 분량의 양념을 넣고 조물조물 무쳐 30분간 재어 둡니다.
4 3에 2를 붓고 송송 썬 쪽파와 홍고추를 넣어 줍니다.

낫또김치덮밥+부추바지락탕

낫또김치덮밥

재료(약 1인분)

낫또 1팩, 신김치, 쪽파 3줄, 달걀 1개, 쯔유 1t

김치양념

참기름 1t
설탕1t

1 씻어서 꼭 짠 김치와 쪽파를 쫑쫑 다져 둡니다.
2 다진 김치에 분량의 양념을 넣고 조물조물 무쳐 둡니다.
3 낫또에 쯔유 1t를 넣고 버무려 둡니다.
4 달걀은 노른자만 따로 분리해 둡니다.
5 그릇에 밥을 담고 2, 3을 올리고 다진 쪽파와 계란노른자를 올려 냅니다.
  * 맛김에 싸 먹으면 더 맛있어요.

부추바지락탕

바지락 10개, 부추 30g, 멸치육수 400ml, 소금 1/2t, 대파 1/3개, 홍고추 조금

1 멸치육수에 해감해서 씻어 놓은 바지락을 넣고 끓입니다.
2 부추는 2cm 길이로 썰고 대파와 홍고추도 송송 썰어 둡니다.
3 바지락이 입을 벌리면 소금 1/2t를 넣고 간하고 부추, 홍고추, 대파를 넣어 줍니다.
  * 바지락은 깨끗이 씻어 소금물에 1시간 이상 해감해요.
  * 기호에 따라 청양고추를 넣으세요.

두부묵은지롤+굴국+표고버섯아스파라거스볶음

두부묵은지롤

재료(약 2인분)

두부 1/2모, 돼지고기다짐육 100g, 묵은지, 파프리카 1/4개, 표고버섯 1개, 쪽파 3줄, 다시마육수 500ml, 액젓 1t, 쯔유 1t, 전분물 조금, 소금 조금, 후추 조금, 생강가루 조금

양념

소금 1t
참기름 1t
다진 마늘 1t
부침가루 2T

1 돼지고기는 소금, 후추, 생강가루를 넣어 1시간가량 재어 둡니다.
2 두부를 면보에 싸서 물기를 꼭 짜 둡니다.
3 파프리카, 표고버섯, 쪽파를 잘게 다지고 파프리카는 물기를 꼭 짜 둡니다.
4 볼에 1과 2, 3을 넣고 분량의 양념을 넣어 골고루 버무려 치대 줍니다.
5 4를 동글동글하게 빚어 씻어서 꼭 짜 둔 묵은지에 넣고 돌돌 말아 줍니다.
6 다시마육수가 끓으면 5를 넣고 액젓 1t, 쯔유 1t를 넣고 간해 줍니다.
7 10분쯤 끓이다 전분물로 농도를 맞춰 줍니다.

1

2

3

5-1

5-2

6-1

6-2

굴국

무 150g, 굴 150g, 대파 1/2개,
홍고추 조금, 소금 1t, 다진 마늘 1t,
멸치육수 500ml

1 굴은 깨끗이 씻어 준비해 둡니다.
2 채소 재료를 송송 썰어 둡니다.
3 멸치육수에 무를 넣고 끓여 줍니다.
4 무가 익으면 씻어 둔 굴과 다진 마늘 1t를 넣고 소금 1t를 넣어 간한 후 한소끔 끓여 줍니다.
5 불을 끄고 대파와 홍고추를 넣어 줍니다.

* 기호에 따라 청양고추를 넣으세요.

표고버섯아스파라거스볶음

표고버섯 3개, 아스파라거스 4줄,
소금 조금, 굴소스 1t, 다진 마늘 1t,
다시마육수(또는 물) 2T, 참기름 1t

1 표고버섯과 아스파라거스를 먹기 좋은 크기로 썰어 둡니다.
2 기름을 두른 팬에 아스파라거스를 넣고 소금을 한 꼬집 넣은 후 중불에서 볶아 줍니다.
3 2가 어느 정도 익으면 표고버섯을 넣고 굴소스 1t, 다진 마늘 1t, 다시마육수 2T를 넣고 빠르게 볶아 냅니다.
4 불을 끄고 참기름을 둘러 줍니다.

* 버섯은 살짝만 볶아 숨이 죽으면 곧바로 불을 꺼요.

* 아스파라거스 밑동은 질길 수 있으니 필러로 껍질을 벗겨 주세요.

낫또오믈렛+새우부추탕+소고기가지볶음

낫또오믈렛

재료(약 1인분)

낫또 1팩, 달걀 2개, 쯔유 1t,
소금 1/3t, 쪽파 2줄

1 달걀 2개에 쯔유 1t와 소금 1/3t를 넣고 곱게 풀어 둡니다.
2 낫또는 동봉된 간장과 송송 썬 쪽파를 넣고 버무려 줍니다.
3 기름을 둘러 달군 팬을 약불로 줄여 달걀물을 부어 줍니다.
4 달걀이 반 이상 익으면 한쪽에 낫또를 올려 줍니다.
5 달걀을 반으로 접어 익혀 줍니다.

새우부추탕

새우 5마리, 부추 60g, 팽이버섯 40g,
멸치육수 500ml, 액젓 1T,
고춧가루 1/2T, 다진 마늘 1T,
대파 1/2개, 홍고추 조금,
페페론치노(취향껏)

1. 부추와 팽이버섯은 먹기 좋은 길이로 썰어 둡니다.
2. 새우는 깨끗이 씻어 내장을 빼고 뿔과 수염을 잘라 둡니다.
3. 대파와 홍고추도 송송 썰어 둡니다.
4. 냄비에 기름을 두르고 달군 냄비에 다진 마늘 1T와 페페론치노를 넣고 볶다가 새우를 넣고 같이 볶아 줍니다.
5. 새우색이 변하면 멸치육수를 붓고 액젓 1T와 고춧가루 1/2T를 넣고 한소끔 끓이다 불을 끄고 부추와 팽이버섯, 송송 썬 대파와 홍고추를 넣어 줍니다.

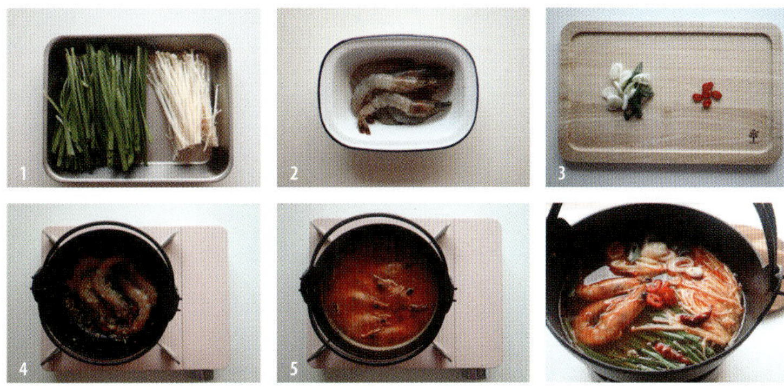

소고기가지볶음

소고기(잡채용) 50g, 가지 1개,
맛술 1T, 다진 마늘 1/2T, 참기름 1T,
양파 1/3개, 쪽파 3줄, 후추 조금,
페페론치노(취향껏)

양념

간장 1/2T
굴소스 1/2T
고춧가루 1t
설탕 1/2t

1. 소고기는 간장 조금, 후추로 밑간해 1시간가량 재어 둡니다.
2. 가지, 양파, 쪽파를 먹기 좋은 크기로 썰어 둡니다.
3. 기름을 두른 팬에 다진 마늘 1/2T, 페페론치노를 넣고 볶다가 소고기와 맛술 1T를 넣고 볶아 줍니다.
4. 소고기가 익으면 가지와 양파, 분량의 양념을 넣고 볶다가 불을 끄고 쪽파와 참기름 1T를 넣고 섞어 줍니다.

6

해산물 밥상

새우유산슬밥+아보카도크래미샐러드+묵은지들기름무침

새우유산슬밥

재료(약 2인분)

새우 20개, 돼지고기 100g,
양파 1/2개, 아스파라거스 5개,
당근 조금, 청경채 3개,
양송이버섯 2개, 표고버섯 2개,
대파 1/2개, 다진 마늘 1T, 굴소스 1T,
간장 1T, 다시마육수(또는 물) 1/2컵,
맛술 1T, 전분물 조금, 소금 조금,
후추 조금, 참기름 1T,
페페론치노(취향껏)

1. 돼지고기와 손질한 새우는 각각 소금과 후추로 밑간해 30분간 재어 둡니다.
2. 채소와 버섯을 먹기 좋은 크기로 썰어 둡니다.
3. 대파는 송송 썰어 둡니다.
4. 청경채는 꼭지를 자르고 깨끗이 씻어 둡니다.
5. 기름을 두른 웍에 송송 썬 대파를 넣고 파기름을 내어 줍니다.
6. 5에 돼지고기와 페페론치노를 넣고 다진 마늘 1T, 맛술 1T를 넣고 볶다가 새우를 넣고 같이 볶아 줍니다.
7. 6에 당근, 아스파라거스, 양파를 넣고 간장 1T, 굴소스 1T를 넣고 볶다가 채소가 어느 정도 익으면 다시마육수 1/2컵을 넣고 버섯을 넣어 줍니다.
8. 7에 전분물을 넣어 농도를 맞추고 마지막으로 청경채를 넣은 후 불을 끄고 참기름 1T를 넣고 섞어 줍니다.
9. 밥과 함께 담아냅니다.

* 버섯과 청경채는 마지막에 넣어야 식감이 좋아요.

1-1

1-2

2

3

4

5

6

7

8

9

아보카도크래미샐러드

아보카도 1/2개, 크래미 2개,
파프리카(노란색, 빨간색) 1/3개,
양배추 70g, 양파 1/4개

드레싱

올리브유 1T
간장 1T
다시마육수(또는 물) 1T
레몬즙 1/2T
참기름 1t
설탕 1T
다진 마늘 1t
통깨(간 것) 1T
후추 조금

1 양배추는 필러로 채 치고, 양파는 얇게 썰어 찬물에 담가 둡니다.
2 아보카도, 크래미, 파프리카를 먹기 좋은 크기로 썰어 둡니다.
3 1과 2를 그릇에 담고 드레싱을 곁들여 냅니다.

1-1

1-2

2

3

묵은지들기름무침

묵은지 3장

양념

설탕 1t
들기름 1t
통깨(간 것) 1t
다진 마늘 1/2t
다진 쪽파 1T

1 묵은지를 씻어서 꼭 짠 후 총총 썰어 둡니다.
2 1에 분량의 양념을 넣고 조물조물 무쳐 냅니다.

1

2

문어샐러드+명란두부탕+쯔유연근곤약조림

문어샐러드

재료(약 2인분)

문어 150g, 불린 미역 50g,
오이 1/2개, 어린잎, 양배추,
미나리 조금씩, 소금 조금

소스

올리브유 1T
간장 3T
레몬즙 2T
설탕 1t
무(간 것) 2T
와사비(취향껏)

1 문어는 밀가루로 치대 깨끗이 씻어 끓는 물에 데쳐 찬물에 헹궈 줍니다.
2 1을 먹기 좋은 크기로 썰어 둡니다.
3 오이는 얇게 저며 소금 한 꼬집을 넣고 절였다 물에 헹궈 꼭 짜고, 불린 미역은 데쳐서 짜 놓고, 채소는 먹기 좋은 크기로 썰어 준비해 둡니다.
4 볼에 간 무와 분량의 양념을 넣고 소스를 만들어 줍니다.
5 2와 3을 접시에 보기 좋게 담고 소스를 곁들여 냅니다.

* 문어는 데칠 때 다리부터 넣었다 뺐다 10회쯤 한 후 7분 정도 데쳐 주세요.

1

2

3

4

5

명란두부탕

두부 1/2모, 명란젓 1개,
호박 1/3개, 대파 1/2개,
홍고추 조금, 액젓 1t,
다진 마늘 1t,
멸치육수 500ml

1 두부, 명란, 호박 등 채소 재료를 썰어 둡니다.
2 멸치육수에 호박을 넣고 끓이다 호박이 어느 정도 익으면 명란과 두부를 넣은 후 다진 마늘 1t와 액젓 1t를 넣고 간해 줍니다.
3 한소끔 끓인 후 송송 썬 대파와 홍고추를 넣어 줍니다.
* 기호에 따라 청양고추를 넣어 줍니다.

쯔유연근곤약조림

연근 100g, 곤약 200g

양념
쯔유 5T
다시마육수 1/2컵
간장 2T
설탕 2T

1 연근은 먹기 좋은 크기로 썰고 곤약은 얇게 썰어 가운데 칼집을 길게 낸 후 뒤집어 모양을 예쁘게 만들어 줍니다.
2 끓는 물에 식초를 넣고 연근을 5분 정도 데쳐 줍니다.
3 냄비에 연근, 곤약, 분량의 양념을 넣고 약불로 조려 줍니다.

바지락비빔밥+황태미역국

바지락비빔밥

재료(약 2인분)

바지락 1kg, 파프리카,
양파, 쪽파, 당근,
어린잎(집에 있는 채소로 대체 가능)

비빔양념

간장 1T
다시마육수(또는 물) 1T
매실액 1t
다진 마늘 1t
들기름 1T
고춧가루 2t
다진 청홍고추 조금
통깨 조금

1 바지락은 깨끗이 씻어 소금물에 3시간 이상 해감해 둡니다.
2 냄비에 물을 붓고 끓이다 바지락을 넣고 입이 벌어지면 건져서 살만 발라 냅니다.
3 채소는 총총 다져 둡니다.
4 바지락육수로 보리밥을 지어 채소와 바지락살, 비빔양념을 곁들여 냅니다.
* 바지락육수는 바지락탕으로 먹어도 좋아요.

황태미역국

마른 미역 10g, 황태채 30g,
멸치육수 600ml, 참기름 1T,
다진 마늘 1/2T, 국간장 1T,
소금 조금

1 황태채는 물에 적셔 꼭 짜 둡니다.
2 불린 미역은 바락바락 씻어 짜 둡니다.
3 냄비에 참기름 1T를 두르고 1과 2를 고들고들해질 때까지 볶다가 멸치육수를 넣고 끓여 줍니다.
4 3이 끓어오르면 다진 마늘 1/2T와 국간장 1T를 넣고 중불에 20분쯤 더 끓여 줍니다.
* 모자란 간은 소금으로 맞춥니다.

전복쯔유조림+시금치콩나물국+오이채부추무침

전복쯔유조림

재료(약 1인분)

전복 4마리, 쪽파 2줄, 홍고추 조금, 통깨 조금

조림양념

쯔우 1/2컵
물 1컵
맛술 2T
설탕 1T
다진 마늘 2t

1 전복은 깨끗이 씻어 이빨과 내장을 제거하고 칼집을 내어 둡니다.

2 고명으로 올릴 홍고추와 쪽파는 총총 다져 둡니다.

3 조림양념을 냄비에 넣고 1을 넣어 센불에서 뒤집어 가며 골고루 양념이 배이게 끓여 줍니다.

4 양념이 반 이상 줄 때까지 조려 준 후 불을 끄고 전복껍데기 위에 올린 후 다진 쪽파와 홍고추, 통깨를 올려 냅니다.

* 전복내장은 죽 끓일 때 쓰면 좋아요.

1

2

3

4

시금치콩나물국

시금치 1/2단, 콩나물 160g, 멸치육수 600ml, 된장 2T, 다진 마늘 1T, 대파 1/2개, 홍고추 조금

1 시금치는 다듬어 깨끗이 씻어 끓는 물에 소금을 넣고 데쳐 찬물에 헹군 후 꼭 짜 두고, 콩나물은 뿌리를 다듬어 씻어 둡니다.

2 대파와 홍고추는 송송 썰어 둡니다.

3 멸치육수에 된장 2T를 풀어 끓이다 끓어오르면 콩나물과 데친 시금치를 넣어 줍니다.

4 2에 다진 마늘 1T를 넣고 한소끔 끓이다 불을 끄고 송송 썬 대파와 홍고추를 올려 줍니다.

* 기호에 따라 청양고추를 넣으세요.

1-1

1-2

2

3-1

3-2

4

오이채부추무침

오이 1개, 부추 조금, 대파 1/2개

양념

소금 1t
액젓 1t
다진 마늘 1t
고춧가루 1T
매실액 1t
참기름 1t
통깨 조금

1 오이는 채 썰고, 부추는 먹기 좋은 길이로 썰어 둡니다.

2 볼에 1을 넣고 다진 대파와 분량의 양념을 넣고 버무려 줍니다.

1

2

오징어냉채+소고기뭇국+냉이된장무침

오징어냉채

재료(약 1인분)

오징어 150g, 오이 1/2개,
적양배추 70g

소스

겨자(취향껏)
액젓 1t
물 1t
레몬즙 1t
설탕 1t
매실액 1t
다진 마늘 1t

1 오징어는 키친타월로 껍질을 벗긴 후 배 부분에 칼집을 넣어 둡니다.

2 1을 끓는 물에 데쳐 찬물에 헹궈 건져 둡니다.

3 오이와 적양배추는 채 썰어 둡니다.

4 2에 3을 놓고 돌돌 만 뒤 먹기 좋은 크기로 썰어 소스와 함께 곁들여 냅니다.

1

2

3

4

소고기뭇국

소고기 100g, 무 150g, 버섯류 70g, 소금 약간, 멸치육수 600ml, 다시마, 대파1/2개, 후추 조금

고기양념

국간장 1t
다진 마늘 1/2T
참기름 1t

1 무는 먹기 좋은 크기로 썰어 끝을 둥글게 깎아 줍니다.
2 냄비에 소고기와 분량의 양념을 넣고 볶아 줍니다.
3 고기가 익으면 멸치육수와 무를 넣고 다시마를 넣어 끓여 줍니다.
4 대파는 큼직하게 썰어 두고, 버섯은 잘게 찢어 둡니다.
5 3에 대파와 버섯을 넣고 소금으로 간한 후 한소끔 끓이다 불을 끄고 후추를 뿌려 냅니다.

* 다시마는 끓기 시작하면 바로 건져 내세요.

냉이된장무침

냉이 50g

양념

된장 1t
다진 마늘 1/2t
참기름 1t
매실액 1t
다진 대파 1T
통깨 조금

1 냉이는 손질해 깨끗이 씻어 끓는 물에 소금을 넣고 데쳐 찬물에 헹궈 꼭 짜서 먹기 좋은 크기로 썰어 줍니다.
2 1에 분량의 양념을 넣고 조물조물 무쳐 냅니다.

주꾸미부추덮밥+감자달걀국

주꾸미부추덮밥

재료(약 1인분)

주꾸미 200g, 영양부추 50g,
대파 1/2개, 통깨 조금

양념

액젓 1t
간장 1t
고춧가루 2t
다진 마늘 1t
참기름 1t
설탕 2t
굴소스 1t

1 주꾸미는 손질해 밀가루에 바락바락 치대 깨끗이 씻은 후 끓는 물에 살짝 데쳐 둡니다.
2 파기름을 낼 대파를 송송 썰어 둡니다.
3 데친 주꾸미와 영양부추를 먹기 좋은 크기로 썰어 둡니다.
4 기름을 둘러 달군 팬에 대파를 넣고 센불에서 볶다가 주꾸미와 분량의 양념을 넣고 빠르게 볶아 준 후 불을 끄고 부추를 넣어 섞어 줍니다.
5 밥과 함께 담아냅니다.

* 주꾸미를 살짝 데쳐 볶아야 물이 생기지 않아요.

감자달걀국

감자 1개, 양파 1/3개,
달걀 1개, 액젓 1t,
멸치육수 500ml,
쪽파 2줄, 후추 조금

1 감자와 양파를 썰어 둡니다.
2 멸치육수를 끓이다 1을 넣어 줍니다.
3 감자가 익으면 액젓 1t와 달걀물을 넣고 우르르 끓인 후 불을 끄고 총총 썬 쪽파와 후추를 넣어 줍니다.

* 달걀에 물을 아주 조금 넣으면 부드러워져요.

7

생선 밥상

고등어데리야끼+달걀찜+참나물겉절이

고등어데리야끼

재료(약 1인분)

고등어 1/2마리, 부침가루

양념

다시마육수 50ml
간장 2T
맛술 1T
쯔유 1T
다진 마늘 1t
생강가루 조금
페페론치노(취향껏)

1 고등어는 먹기 좋게 2~3등분으로 잘라 줍니다.
2 1에 부침가루를 앞뒤로 골고루 묻혀 줍니다.
3 팬에 기름을 둘러 달군 후 약불로 줄여 고등어를 앞뒤로 노릇하게 구워 줍니다.
4 3에 분량의 양념을 넣고 조려 줍니다.

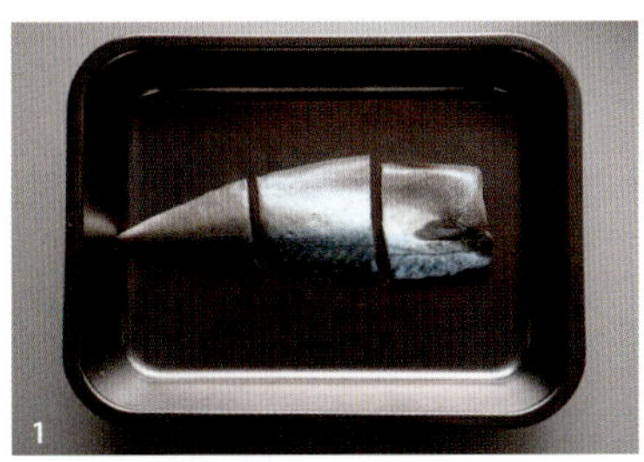
1

2

3

4

달걀찜

달걀 2개, 다시마육수 100ml,
소금 1/2t, 쯔유 1t, 맛술 1t,
고명(새우, 버섯 등 취향대로)

1 달걀을 풀고 다시마육수를 넣은 후 소금 1/2t, 쯔유 1t, 맛술 1t를 넣고 곱게 풀어 줍니다.
2 1을 채에 걸러 알끈을 제거해 줍니다.
3 찜기에 1을 넣고 뚜껑을 덮어 중불로 줄여 10분간 끓여 줍니다.
4 3에 고명을 올리고 약불에서 5분간 더 끓인 후 불을 끄고 5분간 뜸을 들입니다.

* 뚜껑이 있는 그릇이나 뚜껑이 없으면 랩을 씌워야 수증기가 떨어지는 것을 방지해 매끈한 달걀찜이 돼요.
* 달걀이 어느 정도 익은 후 고명을 올려야 가라앉지 않아요.

참나물겉절이

참나물 50g

양념
액젓 1t
다진 마늘 1t
고춧가루 1t
식초 1t
참기름 1t
설탕 1/2t
통깨 조금

1 참나물을 씻어 물기를 뺀 후 먹기 좋은 크기로 썰어 둡니다.
2 1에 분량의 양념을 넣고 버무려 냅니다.

갈치감자조림+새우부추전+봄동된장무침

갈치감자조림

재료(약 2인분)

갈치 2토막(320g), 감자 1개,
양파 1/2개, 대파 1/2개, 소금 조금

양념

멸치육수 1컵
간장 1컵
고춧가루 2T
다진 마늘 2T
다진 생강 1t
맛술 2T
설탕 1t
액젓 1T
후추 조금

1 감자, 양파는 반달 썰고, 대파는 어슷하게 썰어 둡니다.
2 갈치는 깨끗하게 손질해 씻어 소금을 뿌려 1시간쯤 재어 둡니다.
3 냄비에 감자를 깔고 갈치를 올린 후 양파와 대파를 올리고 분량의 양념을 넣고 센불에서 끓여 줍니다.
4 3이 끓어오르면 중불로 줄여 20분가량 조려 줍니다.

1

2

3-1

3-2

4

새우부추전

부추 30g, 새우 10마리

반죽양념

부침가루 2T
참기름 1t
다진 마늘 1t
소금 1/3t
후추 조금
달걀 1개

1 부추는 총총 썰고, 새우는 껍질을 벗겨 반은 다지고 나머지는 반으로 갈라 둡니다.
2 볼에 부추와 다진 새우를 넣고 분량의 양념을 넣어 섞어 줍니다.
3 기름을 둘러 달군 팬에 2를 먹기 좋은 크기로 떠넣고 반으로 가른 새우를 올려 줍니다.
4 약불에서 노릇하게 부쳐 냅니다.

봄동된장무침

봄동 150g

양념

된장 1t
참기름 2t
매실액 1t
다진 마늘 1t
다진 대파 1T

1 봄동은 깨끗이 씻어 끓는 물에 데쳐 찬물에 헹궈 꼭 짠 후 먹기 좋은 크기로 썰어 둡니다.
2 볼에 1을 넣고 분량의 양념을 넣고 조물조물 무쳐 냅니다.

연어삼색덮밥+오이냉국

연어삼색덮밥

재료(약 2인분)

연어(스테이크용) 200g, 오이 1개, 달걀 3개, 소금 조금, 후추 조금, 쯔유 1T, 쪽파 3줄

1 연어는 소금과 후추를 뿌려 30분쯤 재어 둡니다.
2 오이는 잘게 깍둑썰기해서 소금 1t를 넣고 30분간 절여 둡니다.
3 2를 물에 헹궈 꼭 짜 둡니다.
4 연어를 팬에 노릇하게 구워 껍질을 벗기고 잘게 부숴 쯔유 1T를 넣고 고슬고슬하게 볶아 줍니다.
5 달걀은 소금 1/3t를 넣고 곱게 풀어 스크램블을 만들어 둡니다.
6 그릇에 밥을 담고 3, 4, 5를 올려 준 후 총총 썬 쪽파를 올려 냅니다.

오이냉국

오이 1개, 쪽파 3줄, 홍고추 조금, 참기름, 통깨 조금

냉국

물 300ml
국간장 1T
소금 1/2t
식초 1T
설탕 1T

1 냉국을 만들어 차게 식혀 둡니다.
2 오이는 채 썰고 쪽파와 홍고추도 잘게 썰어 둡니다.
3 1에 2를 넣고 먹기 직전 참기름 한 방울과 통깨를 넣어 줍니다.

삼치구이와 대파된장소스+오징어콩나물국+미나리겉절이

삼치구이와 대파된장소스

재료(약 2인분)

삼치 250g, 부침가루

소스

대파(흰 부분) 1/2개
다진 마늘 1t
된장 1t
참기름 1T
매실액 1t
설탕 1t
통깨(간 것) 1T
후추 조금

1 삼치는 먹기 좋은 크기로 썰어 줍니다.
2 1의 앞뒤로 부침가루를 묻혀 줍니다.
3 팬에 기름을 둘러 달군 후 약불로 줄여 삼치를 노릇하게 구워 줍니다.
4 대파를 총총 다져 분량의 소스양념에 넣고 버무려 줍니다.
5 접시에 삼치를 담고 대파된장소스를 올려 줍니다.

1

2

3

4-1

4-2

5

오징어콩나물국

콩나물 150g, 오징어 200g,
멸치육수 600ml, 대파 1/2개,
홍고추 조금, 액젓 1T, 다진 마늘 1T

1 콩나물은 꼬리를 다듬어 깨끗이 씻어 둡니다.
2 오징어는 손질해 깨끗이 씻어 칼집을 넣은 후 먹기 좋게 잘라 둡니다.
3 멸치육수를 끓이다 끓어오르면 1과 2를 넣고 액젓 1T와 다진 마늘 1T를 넣어 줍니다.
4 한소끔 끓이다 불을 끄고 송송 썬 대파와 홍고추를 넣어 줍니다.

* 기호에 따라 청양고추를 넣으세요.

미나리겉절이

미나리 80g

양념
액젓 1/2T
다진 마늘 1t
설탕 2t
고춧가루 1T
참기름 1t
통깨 조금

1 미나리는 깨끗이 물기를 뺀 후 먹기 좋은 크기로 썰어 줍니다.
2 1에 분량의 양념을 넣고 무쳐 냅니다.

꽁치간장조림+돼지고기미소장국+쑥갓나물무침

꽁치간장조림

재료(약 2인분)

꽁치통조림 한통(400g), 무 200g, 당근 60g, 양파 1/2개, 대파 1/2개, 페페론치노(취향껏)

양념

물 200ml
간장 5T
쯔유 2T
맛술 2T
설탕 2T
다진 마늘 1T
다진 생강 1t
후추 조금

1 꽁치통조림은 국물을 버리고 꽁치만 건져 둡니다.

2 무와 당근은 먹기 좋은 크기로 썰어 끝을 굴려주고 양파와 대파도 큼직하게 썰어 둡니다.

3 냄비에 무, 당근, 꽁치, 페페론치노를 넣고 분량의 양념을 넣고 끓여 줍니다.

4 3이 어느 정도 조려지면 양파와 파를 넣고 살짝 더 끓인 후 불을 끕니다.

1

2

3

4

돼지고기미소장국

대패삼겹살 100g, 곤약 120g,
연근 80g, 표고버섯 50g, 당근 조금,
미소 2T, 멸치육수 500ml, 맛술 1T,
소금 1/3t, 쪽파 조금,
시치미(또는 고춧가루)

1 곤약, 연근, 표고버섯, 당근을 먹기 좋은 크기로 썰어 둡니다.

2 냄비에 대패삼겹살을 넣고 맛술 1T, 소금 1/3t를 넣어 볶아 줍니다.

3 고기가 익으면 멸치육수를 붓고 미소 2T를 풀어 준 뒤 곤약과 연근, 당근을 넣고 끓여 줍니다.

4 3이 어느 정도 끓으면 표고버섯을 넣고 불을 끈 후 그릇에 담아 총총 썬 쪽파와 시치미(또는 고춧가루)를 곁들여 냅니다.

쑥갓나물무침

쑥갓 150g

양념
소금 1/4t
설탕 1/4t
들기름 2t
다진 마늘 1t
다진 대파 1T
통깨 조금

1 쑥갓은 깨끗이 씻어 반으로 자른 후 끓는 물에 소금을 넣고 데쳐 찬물에 헹궈 꼭 짜 둡니다.

2 1에 분량의 양념을 넣고 조물조물 무쳐 냅니다.

* 쑥갓은 데칠 때 줄기부터 넣고 20초 후 이파리까지 넣어 저어 준 후 바로 건져 찬물에 헹궈 주세요.

굴비매운탕+콩나물간장볶음+양상추겉절이

굴비매운탕

재료(약 1인분)

굴비(작은 것) 2마리, 무 150g,
호박 1/4개, 양파 1/2개,
새우 2마리, 대파 1/2개,
청홍고추, 쌀뜨물 500ml,
쑥갓 조금

양념

액젓 1T
국간장 2T
맛술 1T
다진 마늘 1T
다진 생강 1t
다진 청양고추 1T
고춧가루 1T

1 채소 재료는 먹기 좋은 크기로 썰어 둡니다.

2 굴비는 비늘을 벗기고 지느러미는 잘라 손질해 두고, 새우는 내장을 빼고 뿔과 수염을 잘라 둡니다.

3 냄비에 무, 호박, 양파를 깔고 굴비와 새우를 넣고 쌀뜨물을 부어 줍니다.

4 3에 분량의 양념을 넣고 뚜껑을 연 채로 끓여 줍니다.

5 4가 끓으면 중불로 줄여 무가 익을 때까지 끓이다 대파, 홍고추, 쑥갓을 넣고 불을 끕니다.

* 모자라는 간은 소금으로 해 주세요.
* 뚜껑을 연 채로 끓여 비린내를 날려 주세요.

1

2

3

4

5

콩나물간장볶음

콩나물 200g, 쪽파 5줄, 간장 2T, 설탕 1t, 참기름 1T, 다진 마늘 1T

1 콩나물은 깨끗이 씻어 물기를 빼 둡니다.
2 팬에 기름을 두르고 중불에서 다진 마늘 1T를 넣고 볶다가 콩나물을 넣고 살짝 숨이 죽을 때까지 볶아 줍니다.
3 2에 간장 2T, 설탕 1t를 넣고 볶다가 익으면 불을 끄고 1cm 크기로 썬 쪽파와 참기름을 넣고 섞어 줍니다.

양상추겉절이

양상추 120g, 쪽파 3줄, 홍고추 조금

양념

액젓 1t
다진 마늘 1t
설탕 1/2t
고춧가루 1t
참기름 1t

1 양상추를 씻어 물기를 뺀 후 먹기 좋은 크기로 썰어 줍니다.

2 쪽파와 홍고추를 썰어 볼에 1과 함께 담아 분량의 양념을 넣은 후 살살 버무려 줍니다.

부록

별미 한 그릇

김치말이묵국수

김치말이묵국수

재료(약 1인분)

도토리묵 250g, 애호박 1/3개,
달걀 1개, 신김치 조금,
멸치육수 500ml, 국간장 1/2t,
소금 1t

양념장

간장 1T
물 1T
설탕 1/2t
고춧가루 1t
참기름 1t
다진 마늘 1t
쪽파 1개

김치양념

설탕 1/2t
참기름 1t

1 호박은 돌려 깎아 채 썰어 소금에 10분쯤 절여 둡니다.
2 멸치육수는 국간장과 소금으로 간해 끓여 둡니다.
3 호박을 살짝 볶아 주고, 달걀은 노른자로 지단을 만들어 둡니다.
4 신김치는 송송 썰어 분량의 양념으로 무쳐 둡니다.
5 묵은 길게 채 썰어 둡니다.
6 육수에 묵을 넣고 한소끔 끓여 낸 후 그릇에 담고 고명을 올려 양념장과 함께 냅니다.

1

2

3-1

3-2

4

5

6

어묵면우동

어묵면우동

재료(약 1인분)

어묵 4장, 멸치육수 500ml, 표고버섯 1개, 대파 1/2개, 쑥갓 조금, 고춧가루 조금, 후추 조금

육수양념

쯔유 1T
소금 1t

1 어묵은 말아서 얇게 채 썰어 둡니다.
2 멸치육수에 분량의 양념을 넣고 끓입니다.
3 고명으로 올릴 채소를 준비해 둡니다.
4 어묵은 끓는 물에 데쳐 체에 밭쳐 둡니다.
5 그릇에 4를 넣고 육수를 부어 준 후 고명을 올리고 고춧가루와 후추를 뿌려 냅니다.

1

2

3

4-1

4-2

5

소고기곤약우동

소고기곤약우동

재료(약 1인분)

소고기불고기용 150g,
실곤약 200g, 청경채 2개,
대파(흰 부분) 1/3개,
표고버섯 1개, 쑥갓 조금,
당근 조금, 삶은달걀 반 개,
다시마육수 500ml, 후추 조금,
시치미(또는 고춧가루) 조금

불고기양념
쯔유 3T
맛술 1T

1 실곤약은 흐르는 물에 씻어 체에 건져 둡니다.
2 청경채와 쑥갓은 씻어 잘라 놓고, 고명으로 올릴 당근과 삶은 달걀도 준비해 둡니다.
3 기름을 두르지 않은 팬에 어슷썬 대파와 표고버섯을 구워 줍니다.
4 냄비에 소고기와 분량의 양념을 넣고 볶다 다시마육수를 부어 줍니다.
5 4가 끓어오르면 실곤약을 넣고 한소끔 끓여 줍니다.
6 청경채와 쑥갓을 넣고 불을 끈 후 구운 대파, 표고버섯, 당근, 삶은 달걀을 올려 줍니다.
* 기호에 따라 후추와 시치미(또는 고춧가루)를 뿌려 줍니다.
* 모자라는 간은 소금으로 맞춰 주세요.

1

2

3

4-1

4-2

5

6

카레소바

카레소바

재료(약 2인분)

대패삼겹살 200g, 소바 250g,
카레가루 100g, 대파 1개,
양파 1개, 물 1L, 시치미 조금

고기양념

소금 1/2t
맛술 2T
생강가루
후추 조금

1 양파는 슬라이스하고, 고명으로 올릴 대파도 송송 썰어 둡니다.
2 팬에 대패삼겹살과 양파를 넣고 분량의 양념을 넣고 볶아 줍니다.
3 고기가 익으면 물을 붓고 카레가루를 넣어 잘 저어 줍니다.
4 3이 걸쭉해지면 삶은 소바면을 넣고 저어 줍니다.
5 그릇에 담고 대파와 시치미를 뿌려 담아냅니다.

* 우동면으로 만들어도 맛있어요.

1

3-1

3-2

4

5

닭가슴살냉모밀

닭가슴살냉모밀

재료(약 1인분)

메밀면 100g, 닭가슴살(시판용) 50g, 달걀 1개, 파프리카, 적양배추, 오이(채소는 취향껏)

소스

물 200ml
쓰유 3T
설탕 1T
식초 2T
참기름 1t
와사비(취향껏)

1 소스를 만들어 냉장고에 넣어 차게 둡니다.
2 닭가슴살을 얇게 썰어 둡니다.
3 달걀은 지단을 부쳐 식힌 후 곱게 채 썰어 줍니다.
4 채소 재료는 먹기 좋은 크기로 채 썰어 둡니다.
5 메밀을 삶아 찬물에 헹궈 채에 밭쳐 둡니다.
6 그릇에 3과 4를 보기 좋게 담고 소스를 부어 줍니다.

* 닭가슴살은 햄으로, 면은 소면으로 대체해도 맛있어요.

1

2

3

4

5-1

5-2

6

대패삼겹살 양상추쌈

대패삼겹살 양상추쌈

재료(약 1인분)

대패삼겹살 250g, 숙주 250g,
양상추 1/2통, 신김치 100g

숙주양념

소금 1t
설탕 1/2t
참기름 1t
다진 마늘 1t
다진 대파 1T

김치양념

설탕 1t
참기름 1t

소스

물 1T
간장 1T
쯔유 1t
레몬즙 1T
다진 마늘 1t
설탕 1t
다진 쪽파 1T
연겨자(취향껏)

1 김치는 물에 씻어 꼭 짜 쫑쫑 썰어 분량의 양념으로 무쳐 둡니다.
2 숙주는 살짝 데쳐 찬물에 헹궈 물기를 뺀 후 분량의 양념으로 무쳐 둡니다.
3 대패삼겹살을 끓는 물에 데쳐 건져 냅니다.
4 양상추와 1, 2, 3을 곁들여 소스와 함께 냅니다.
* 양상추에 김치와 숙주를 올리고 고기를 소스에 찍어 싸 먹어요.

1

2-1

2-2

2-3

3

4

부추굴림만두

부추굴림만두

재료(약 2인분)

돼지고기다짐육 150g,
소고기다짐육 150g, 부추 70g,
대파 1/2개, 전분가루 조금

고기양념

소금 1t
간장 1T
쯔유 1T
다진 마늘 1T
참기름 1T
부침가루 2T
달걀 1개
후추 조금
생강가루 조금

1 볼에 고기를 넣고 부추와 대파를 잘게 다져 넣어 줍니다.
2 1에 분량의 양념을 넣고 치대 버무려 줍니다.
3 2를 동글동글 먹기 좋은 크기로 빚어 줍니다.
4 3을 전분가루에 굴려 줍니다.
5 찜기에 김이 오르면 4를 넣고 12분간 쪄 줍니다.

1-1

1-2

1-3

2

3

4

5

비트단무지김밥

비트단무지김밥

재료(약 1인분)

비트 50g, 닭가슴살(시판용) 30g,
데친 시금치 50g, 당근 30g,
적양배추 30g, 달걀 1개,
김 1장, 찰보리밥, 깻잎 2장

밥양념

참기름
소금 조금

비트단촛물

물 100ml
소금 1T
설탕 2T
식초 2T

1 비트단촛물을 끓입니다.

2 비트는 굵게 채 썰어 줍니다.

3 2에 1을 부어 하루 동안 냉장고에서 숙성시켜 줍니다.

4 시금치는 데쳐 소금과 참기름으로 무치고, 당근과 적양배추는 곱게 채 쳐 둡니다. 달걀은 지단으로 부쳐 채 치고, 닭가슴살도 얇게 썰어 줍니다.

5 밥은 참기름과 소금으로 간해 둡니다.

6 김에 찰보리밥을 얇게 펴고 깻잎 2장을 편 후 비트와 나머지 재료를 넣고 말아 줍니다.

실곤약잡채

실곤약잡채

재료(약 2인분)

소고기(잡채용) 150g,
파프리카 150g, 양파 1/2개,
새송이버섯 1개, 느타리버섯 70g,
시금치 120g, 실곤약 200g

고기양념

간장 1/2T
맛술 1T
후추 조금

잡채양념

간장 1T
소금 1/2t
설탕 1T
참기름 2T
통깨 조금

시금치양념

소금 1/3t
참기름 1t

1 곤약은 흐르는 물에 씻어 건져 둡니다.

2 소고기는 분량의 양념으로 1시간가량 재어 두고, 시금치는 데쳐 분량의 양념으로 무쳐 둡니다.

3 파프리카, 양파, 새송이버섯, 느타리버섯을 얇게 썰어 준비해 둡니다.

4 팬에 소고기를 먼저 볶아 줍니다.

5 파프리카와 양파를 볶다 버섯을 넣고 숨이 살짝 죽을 때까지 볶아 줍니다.

6 팬에 곤약을 넣고 간장 1/2t를 넣고 따로 볶아 줍니다.

7 볼에 4, 5, 6을 넣고 분량의 양념을 넣어 버무려 줍니다.

1

2

3

4

5

6

7

찾아보기